闘って正社員になった

東リ偽装請負争議6年の軌跡

はじめに

法律で禁止されている偽装請負

偽装請負とは、書類上、形式的には請負（委任、委託等を含む）契約だが、実態としては労働者派遣であるものを言い、違法である。請負とは、「労働の結果としての仕事の完成を目的とするもの」（民法）だが、派遣との違いは、発注者と受託者の労働者との間に指揮命令関係が生じないということが大きなポイントだ。

労働者の方から見ると、自分の使用者からではなく、発注者から直接、業務の指示や命令をされるといった場合、偽装請負である可能性が高い。偽装請負は、労働者派遣法等に定められた派遣元（受託者）・派遣先（発注者）の様々な責任が曖昧となり、労働者の雇用や安全衛生など基本的な労働条件が十分に確保されないということが起こる。

請負と言いながら、発注者が業務の細かい指示を労働者に出したり、出退勤・勤務時間の管理を行ったりしているのは偽装請負によく見られるパターンだ。現場には形式的に責任者を置いているが、その責任者は、発注者の指示を個々の労働者に伝えるだけで、発注者が指示をしているのと実態は同じである。東リ偽装請負事件はまさにこのようなパターンであった。

偽装請負図解

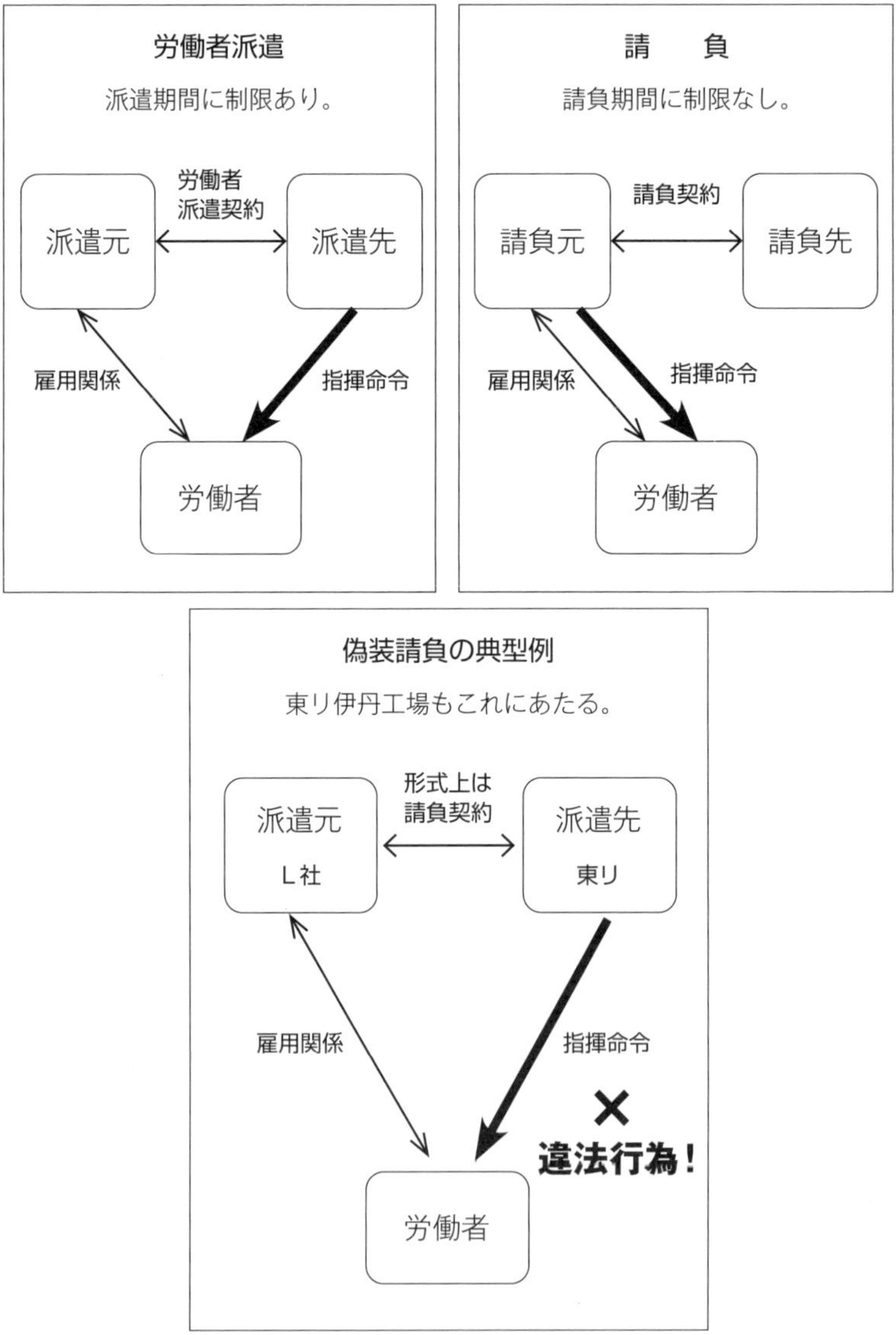

労働者派遣
派遣期間に制限あり。
労働者
派遣契約
派遣元
派遣先
雇用関係
指揮命令
労働者
請　負
請負期間に制限なし。
請負契約
請負元
請負先
雇用関係
指揮命令
労働者
偽装請負の典型例
東リ伊丹工場もこれにあたる。
形式上は
請負契約
派遣元
L社
派遣先
東リ
雇用関係
指揮命令
✕
違法行為！
労働者

電機や自動車産業など量産組立工場の本体作業を担う非正規労働者を大量に使う偽装請負形式が蔓延したのは1990年代である。2000年代初頭から、製造業における偽装請負を告発し、就労先の雇用責任を問う非正規労働者の闘いが全国的に高揚した。それは事業縮小や工場閉鎖などによる雇止めが横行したこと、非正規労働者の労働条件が劣悪で、容易に解雇される状態であったからである。しかし、偽装請負かどうかが問題となり、請負会社の労働者と受入企業との間に直接の雇用契約が成立するか否かが焦点となったパナソニックPDP事件において、2009年12月18日、最高裁判所は雇用契約の成立を認めないとする判決を出した。これを契機に非正規労働者の異議申し立てが激減していく。

2008年リーマンショックに伴い大量の派遣切りが起こり2009年正月には年越し派遣村が日比谷公園で開催されるなど非正規労働者の切迫した状況が社会問題化した。これを受けて2012年、民主党政権は派遣法を改正し**「労働契約申込みみなし制度」（派遣法第40条の6）**を導入した。これは、派遣禁止業務派遣や無許可派遣、期間制限などの〝違法な派遣労働〟があれば、派遣先企業がその労働者に対し、「労働契約の申し込みをした」とみなす制度。その場合、労働者が承諾すれば、派遣先は直接雇用しなければならないというものだ。

しかしその後自民党政権の下で、この法律を骨抜きにするような厚労省による偽装請負の概念崩し（責任者を形式的におけば指揮命令としない等）がおこなわれ認定数が激減してきた。

東リ偽装請負事件の概要

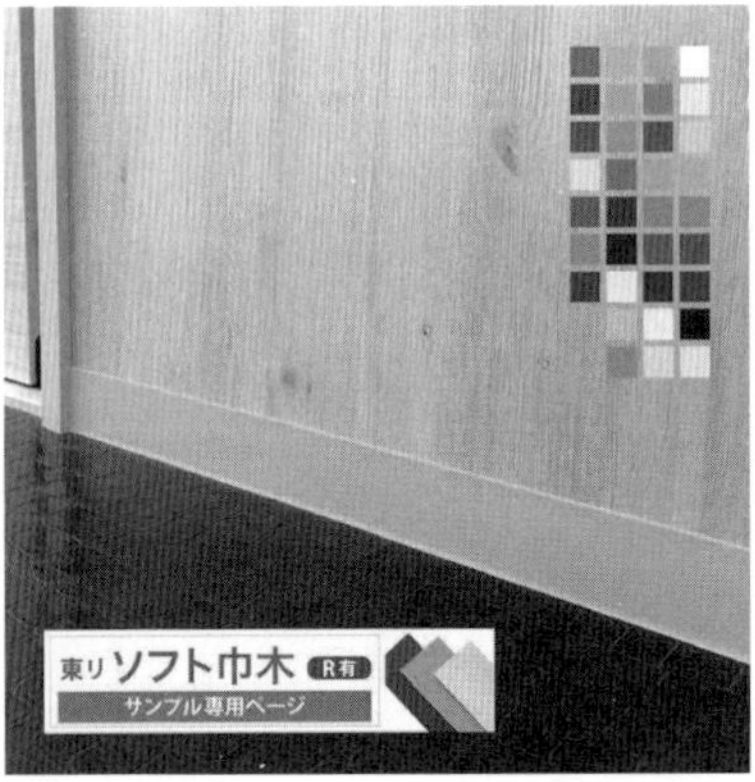

東リ株式会社は、その伊丹工場（兵庫県伊丹市）において、主力製品である巾木《はばき》（床と壁の繋ぎ目に使用される建材）を製造する巾木工程と、接着剤を製造する化成品工程で、１９９０年代後半頃から原告ら労働者を偽装請負で就労させてきた。

２０１５年夏に原告ら労働者はパワハラを続ける偽装請負会社Ｌ社社長の解雇・パワハラ攻撃に対抗するため労働組合を結成した。弁護士に相談する中で彼らの就労状態が偽装請負であることを知っていく。２０１７年3月、組合員のうち執行部を中心に一部有志（原告ら）が先行して「労働契約申込みみなし制度」に基づく承諾通知を東リに送付し、同社に対して直接雇用に関する団体交渉を申し入れた。

２０１７年3月、東リは、当時同社に原告ら労働者を供給していた偽装請負会社Ｌ社に見切りをつけ、新しく用意した派遣会社Ｓ社に原告ら労働者の雇用を引き継がせる手続き中であった。

この移籍の過程で、Ｓ社が組合員だけを採用拒否するという事件が起きた。3月下旬、Ｓ社から各労働者に最終的な採用通知が送られる直前に、東リへ承諾通知を送った組合員の中心メンバー5人を残して、16人いた組合員のうち11人が一斉に脱退した。そして、もともとの非組合員及び組合脱退者は全員がS社から採用通知を受ける一方、組合に残った5人は全員が不採用通知を受けた。かくして、偽装請負という不正義を糺すため行動をした原告ら5名は、その故をもって2017年3月末に東リ伊丹工場から放逐されたのである。

原告らは、2017年11月21日、東リに対し派遣法第40条の6に基づく地位確認等を請求する訴訟を神戸地方裁判所に提起した。しかし神戸地裁は、2020年3月13日、原告らの就労実態は偽装請負ではなかったなどとして請求棄却の不当判決を言い渡した。

原告らは直ちに控訴し、控訴審では異例の証人調べを経て、2021年11月4日、大阪高等裁判所は、1審神戸地裁の誤りを正して1審判決を取り消しすべての原告について東リとの労働契約関係を認めた。

大阪高等裁判所の判決から7ヶ月経った2022年6月7日、最高裁判所が上告棄却、上告審として不受理を決定し大阪高裁判決を確定させた。これは不安定な立場で5年にもわたる裁判を余儀なくされた労働者の雇用の安定に資するものであり、大阪高等裁判所の示した偽装請負に対する判断を支持したことを示すものであった。

しかし東リは判決確定を真摯に受け止めることなく、5人の就労を拒否し続けた。しかし5人と支援者たちは団結して闘い、団体交渉を継続し金銭解決を明確に拒否する中で、2023年3月27日からの正社員としての就労を勝ち取った。

不当な働かせ方をなくし、人間らしい労働を

東リ偽装請負争議の勝利は、「労働契約申込みみなし制度」（派遣法第40条の6）を使って裁判闘争を経て正社員となった初の事例である。これを単なる一つの事件の結果に留めず、社会全体に大きな影響力を持たせる必要がある。いまも日本の製造業には偽装請負が蔓延している。この勝利を次のステップへとつなげ、より公正で人間らしい労働の実現に向けて共に闘い続ける決意を新たにしたいと思う。そのために本書が一助となることを願うものである。

２０２３年９月

編者を代表して　田中充郎

東リ偽装請負争議　略年表

1998年	Ｌ社設立。東リ伊丹工場での偽装請負（違法派遣）を開始。
2012年	労働者派遣法改正。第40条の６で「労働契約申込みみなし制度」が創設される。
2015年８月23日	Ｌ社Ｉ社長による退職勧奨、不当な賃金カットに対抗するため、労働組合を結成。
９月２日	組合公然化、団体交渉申し入れ。
10月１日	派遣法40条の６施行。
2017年２月 末	東リ、請負会社と３月末の契約更新をしないことを組合に通告。
３月16日	組合と弁護団、兵庫労働局に出向き東リの偽装請負（派遣法違反）を申告。
17日	組合員有志４人が派遣法40条の６「労働契約申込みみなし制度」に基づく労働契約承諾の意思表示を、東リに郵便で発送し、組合員の直接雇用を求めた。
20・21日	新たに東リと契約する大手派遣会社Ｓ社が、Ｌ社従業員に対し採用面談。21日夜、16人いた組合員のうち、11人が相次ぎ脱退。
25日	Ｓ社、組合に残った５人に対してのみ不採用通知。以後、職場復帰闘争、他の非正規労働者争議との共闘を開始。
６月１日	労組、兵庫県労働委員会に、東リの団体交渉拒否とＳ社の組合員採用拒否（不利益取り扱い）で不当労働行為救済を申し立てる。
８月25日	藤澤委員長の意思表示が東リに到達。
11月21日	組合員５人、東リを相手取り、派遣法第40条の６に基づく地位確認等を請求する訴訟を神戸地裁に提訴。
2018年３月６日	兵庫労働局、偽装請負を認定せず、指導を停止すると一方的に通知。以後、判決確定まで目立った対応をせず。
2019年４月25日	兵庫県労委、Ｓ社の採用拒否を不当労働行為と認定したが、東リの団交拒否は不当労働行為と認定せず。（５月10日交付）
2020年３月13日	神戸地裁、原告らの就労実態は偽装請負ではなかったなどとして請求を棄却。
2021年11月４日	大阪高裁は、一審神戸地裁判決を取消し、原告らの東リとの労働契約関係を認めた。
2022年６月７日	最高裁判所が東リの上告受理申立てを不受理決定。大阪高裁判決が確定。
７月14日	兵庫労働局、派遣法40条の８第２項にもとづいて、東リに司法判断にもとづく誠実かつ適切な対応をするよう文書で助言。
2023年１月31日	兵庫労働局、派遣法40条の８第２項にもとづいて口頭指導。
２月24日	東リ、判決確定以後６回めの団体交渉において、３月27日からの５人の就労を表明。
３月27日	５人全員、東リ正社員として職場復帰。

目次

第2部　法律闘争の取り組みとその成果　……………………村田浩治／大西克彦　89

第１部

組合を結成して派遣先に直接雇用を求める

東リ伊丹工場での偽装請負の実態

東リ偽装請負争議弁護団　弁護士　村田浩治
弁護士　大西克彦

1　東リ伊丹工場の作業

事件の舞台となった東リ伊丹工場では偽装請負でどんな仕事をしていたのか。そこから話しを始めよう。

巾木という言葉は知らなくても、それを見たことがない人はいないはずだ。巾木は壁と床の境目に取り付ける建築部材だ。見た目を整え壁を保護する役割がある欠かせない建築部材だ。巾木は東リの主力商品であり、伊丹工場は古くから巾木製造の主力工場だ。

化成品工場

2階建。1～2階とも約600㎡の広さがあり、天井クレーンが備えつけられている。直径1.5～2mのタンク4～5基、直径1.5mのミキサーが2基あり、1階には製品(接着剤)を封入した一斗缶を運ぶコンベアがある。作業員は2名。一斗缶に詰めた製品をフォークリフトで倉庫へ運搬する。

巾木工場

2階建。約700㎡（20×35m）あり、2階には直径1～2mのタンクやミキサー4～5基がある。2階から溶けて降りてきた材料を押し出して冷却成形するラインが1階に5本ある。箱詰めした製品を一時的に保管するスペースもある。

Map data ©2023 Google

伊丹工場には、製造課の下、「化成品」「MV」「SF」「CF」「巾木」「プリント巾木」「RS」「IS」という製品毎に8つの工場がある。そして「化成品」「MV」「SF」を担当する係長、「CF」「巾木」「プリント巾木」を担当する係長、「RS」「IS」を担当する係長が置かれており製造課が統括していたが、「化成品」と「巾木」は、東リの従業員ではなくL社という下請会社の従業員が働いていたのだ。組織図では、東リの工程の一部にL社の従業員らが組み込まれていた（実は、東リは、労働局に提出した組織図と別に、裁判では、化成品と巾木工程をいれない組織図を作って提出していた）。

巾木工程での作業内容

巾木製造は、必要な大量の材料を釜で溶かして、リップという金型で成形して押し出したものを水で冷却して、一定の長さで切断したり巻いたりして、製品として完成させる。原料を溶かすための大釜があり、原料は2階で投入し攪拌されて1階の作業場に降りてきた後、材料が成形され押し出され、水で冷却される大きな機械で製作している。すべて東リの所有物であり、機械メンテも東リが行っていた。

●東リが指示する計画で予定表を作成

巾木工程の生産は、東リの生産計画にそって行われた。L社が独自の計画をたてることはなかった。生産計画は、まず東リの生産管理部床材グループから翌週の「巾木生産予定表」が社内メールによって巾木工程の従業員が誰でも見られるアドレスに送付される。生産予定表には、生産予定数、ラインの稼働時間や品種、巾木のサイズ等で生産の順番が示される。L社がこれを拒否することはなく、形のうえでは、L社が予定表を「週間製造日程表」に書き換えて東リに提出するが、東リから示される1週間の製造予定が「依頼書」として交付されるだけで、その予定表を元に「急ぎの製品」や原料ロスが少ないように、「色目が薄いものから濃いもの」等を考慮して順番を決定していくに過ぎない。東リ製造課巾木担当従業員のTが訂正することもあり、その決定にL社の代表者は全く関与していなかった。

L社は、巾木工程、化成品工程以外にも事務やCF工程等に派遣労働者を派遣しており、巾木工程とも化成品工程とも区別された指揮命令系統はL社にはなかった。

●日常的な東リ従業員の指示の存在

巾木工程は、4人の班が3つあり、早番、中番、遅番の3班が毎週交代で入れ代わり、24時間稼働をすることが前提となっていた。月曜の朝に機械を点火したら、金曜日の夕方まで燃やし続け、24時間稼働の厳しい職場であり、4人の班長とは別に「常勤主任」が一人いた。形の上では、東リの従業員は関わっていないことになっていたが、製品は時間毎にサンプルが保存され、製造途中でも、東リの前述製造課のTや品質管理課のtが巾木現場内を日常的にチェックしており、製品に問題がある場合は、ラインの停止やリップ取り替えを命じたりしていた。作業についても作業者に直接作業上の注意をするための掲示や、ノートに申し送り事項を記載していた。

さらに東リからは、巾木工程内の作業過程における東リへの報告、連絡、相談を徹底するよう指示していた。「伝達事項」と称する文書を掲示する方法での指示も頻回に行っていた。下請の労働者といえども掲示文書を見ていないということは許されなかった。

化成品工程での作業内容

●東リの生産計画どおりの作業

化成品の予定も東リの生産管理部が計画にしたがって1週間ごとに1週間分の「製造依頼書」を作成し、東リの製造課からL社の現場社員へ交付されるが、L社がこれを拒否できないのも同じである。巾木と同様にL社の主任が、「化成品工程週間製造日程表」を作成するが、その内容は「製造依頼書」を写すだけで、東リの備品で社内ネットワークにつながった現場のパソコンから、東リの工程共通の書式に入力して作成するだけであった。

製造内容を変更する場合は、東リから「化成品ライン変更・追加依頼書」が一方的に送られる。L社から変更することはなく、製品をいつまでに、いくつ製造するのかは東リが決定していた。

●日常の指示

化成品工程は、「建築業務に使用する接着剤」の製造工程である。

化成品工程も1階と2階に分かれ、各々1名が作業に従事していた。2階で樹脂（材料）を樹脂熔解タンクに投入して、樹脂を熔解し、そこへ添加剤を混ぜて溶剤を製造する。1階では製造された溶剤を専用容器に封函する作業である。

毎朝8時から8時半の間くらいに、東リのM係長と担当スタッフのHがそれぞれ化成品工程へ巡回にやって来る。巡回時、各工程に対して一斉メールで注意や指示がされていた。

化成品は、溶剤の粘度が品質の観点から重要である。そのため、東リの品質管理課が、増粘剤の投入量について、2階で糊の調合作業をするL社の社員に直接指示していた。特に粘度変化が多い品種を使う時には、1日に何度も、品質管理課のtが電話で直接指示をしていた。結局、L社の社員は、品質管理課の指示で、作業をしていただけであった。毎日「工程品質確認」という題のメールで報告がされていた。

また、トラブルが生じた場合、例えば機械が動かなくなったときには東リの保全係へ連絡し、製品に関することは、品質管理課のｔや化成品担当スタッフのＨに直接電話をして指示を仰いだ。そこにＬ社の代表者が関わることは一切なかった。東リの担当従業員と直接はやりとりがされていたのである。

また化成品工程にて異常事態があれば東リあてに「異常報告書」が作成されていた。この書式も東リの他の工程と同じものである。Ｌ社の従業員が作成しても、「異常報告書」の作成者は、東リの化成品工程の「担当スタッフ」と呼ばれる者で、製造課課長や工場長が内容を確認して押印されていた。問題製品を破棄処分するか否かもすべて東リが決定していた。

●ヒヤリ・ハット報告書

例えば、工場内で事故を起こしたときは「ヒヤリ・ハット報告書」を作成のうえ、東リへ提出するよう求められた。「ヒヤリ・ハット報告書」の右下の「上司コメント」欄には、東リの管理者の署名押印がされていた。ここにＬ社の代表者が関わることもなかった。

●「製造課指図書」と「伝達事項」

化成品工程でも、製造課からＬ社の現場作業員に直接指示がされていた。「製造課指図書」「伝達事項」は製造課が作成し、作業現場にある掲示板に貼付して、Ｌ社の現場作業者に告知していた。巾木工程と同様に「製造課指図書」「伝達事項」の書式も東リの全工程に共通する書式である。

●日常報告

巾木と同様に化成品工程の製作状況については、毎日、Ｌ社のｔから、東リの工場長を含む管理者数十名に同時送信メールで報告されていた。

日々の業務内容は、東リが指示する「製造日報」に記載し設置されたパソコンから入力し、社内ネットワークに保存された。

●納品の方法

巾木と同様に化成品も東リの社内コンピュータシステムに、直接出来高、ロット、品名を打ち込むと、製品カードと受入伝票がプリントアウトされる。それらを事務所の外にあるカードケースに入れると、翌朝、配送センターが製品カードと受入伝票を引き上げていた。完成品は、他の製品と同様にL社従業員が倉庫に運んで保管作業まで行っていた。それらの過程は、東リ工場内の他の工程と同様配送伝票処理でなされ、L社の納品という独立して区別した手続きは一切なかった。

東リが原材料を管理

巾木工程でも化成品工程でも、様々な材料や薬品はすべて東リが管理して運用していた。L社が独自に在庫管理はせず、在庫確認から発注も含めて東リの製造課が行い、L社従業員は、不足する材料等があれば現場にある端末から不足材料を入力するだけで当然のように処理されていた。

一日あたり使用する材料は、何百キログラム単位だが、材料をL社で購入したり管理したりすることはなかった。また、端末の入力に誤りがあったら、東リの生産管理課から入力誤りが指摘される。要するに仕入れから在庫管理まですべて東リで管理していた。材料の中には巾木工程や化成品工程以外の工程と共用で使用するものもあるため、巾木工場の材料管理は他の工程と共に東リが行うのは当然であった。

生産量の変更の指示

また、一旦決定しても週間予定は東リの生産管理部から巾木工程に対し頻繁（少なくても週に2、3回）に製作変更の指示が電話を利用して口頭でなされていた。当初の予定が在庫状況や受注状況に合わせて変更され、基本的には常勤主任のHが電話対応をするが、当事者以外の者がその場で対応することもしばしばあった。電話で「キャンセル」「追加」「製作日の変更」のやりとりがあり、その後に「変更依頼書」が生産管理部から送られてきた。下請のL社から異議を唱えることはなかった。

L社の独自命令系統はなかった

L社は、東リの敷地内にあるプレハブの現場事務所を無償で使用していた。

作業手順書は、東リの現場の機械等に備え付けられて提示されており、東リ製造課の係長の印と提示期限が示されていた。

当事者らは、東リの従業員であるF等から教育指導を受けていた。その後、仕事をしながら経験を積んでいたが、その間、L社の従業員から手ほどきを受けたことはなかった。最も経歴の短い中西誠でさえ、2013年に採用された直後に、当時プリント巾木工程に在籍していたFから指導を受けた。

L社での教育内容に関しては、東リに報告する義務が課せられていた。新人教育実施表には教育内容を記載するようになっており、かつては紙媒体で、2015年頃には、職場に設置されているパソコン端末で東リの社内コンピュータシステムに入力をするようになっていた。下請なのに、安全教育もその内容を東リのパソコン内の安全教育実施表に入力していた。一日の作業が終わると、工数表（東リのフォーム）に、その日の作業時間と、どのような作業に何時間使ったかを記入することになっていたが、その一つの項目に「教育」があり、新人教育、安全教育はそこに記載されていた。

それをもとに東リのG1と呼ばれるシステムに入力すると、作業実績報告・登録リストがプリントアウトされ、全体の作業の中で教育にどれだけの時間を使ったかがわかるようになっていた。また、L社の従業員間で、日常の業務上のやりとりをすることはあったが、東リ社員の上長が部下に対し日常行うような指示をする場合と区別は全くなかった。またL社の従業員の労働時間管理は、東リが、東リの作った用紙、フォーム、方法等でL社の従業員らに記入させることによって行っていた。

L社の独立性はなかった

完成品の納品や検収等の手続はなく、「製品カード」「受入伝票」が東リの他の工程と同じ書式の伝票を使っており、東リの社内コンピュータシステム中にあるG1と呼ばれるシステムに入力されていた。製品カードも受入伝票の保存保管も、巾木工程以外の他の工程と全く同じ方式であり、「下請業者」のL社による納品書等はなかった。製品カード、受入伝票は、L社の社員が東リのパソコン端末を利用して、指図書番号、生産本数等を入力すると自動的にプリントアウトされていた。それは東リ社員が常勤主任として仕事をしていた時代から同じ形だった。「製品カード」「受入伝票」「出来高／払出実績入力。登録リスト」の保管場所も、巾木工程とプリント巾木工程は同じ場所で一緒に保管されていた。

その外にも「作業実績報告・登録リスト」「プリントベース」等、本来プリント巾木工程で完成するプリント前の巾木については、「製品カード」も「受入伝票」もなく独立した納品手続はなかった。その代わり、本来はプリント巾木で作成される「プリントベースカード」に手書きで品名、ロット、製作本数を書き、テープで「プリントベース」が積まれてあるパレットに貼り付け、それを巾木工場に隣接するテント下に保管していた。それら製品は、後日、プリント巾木の東リの従業員が、「プリントベースカード」で品種・色番を識別して、プリント巾木の製作に取りかかり、納品という概念すら存在せず、説明もされなかった。

なお、製品製作に伴う「製造依頼書」「週間日程表」や「製品カード」「受入伝票」は他の工程でも同じ書式の書類が使用されていたため、客観的にみれば、下請労働者と東リの労働者の作成書類の区別はつかない状態であった。

機械管理

工場の機材については東リからL社へ貸与とされていたが、契約上の賃借金額は月額2万円とされていただけであった。賃借料が月額2万円とする算定根拠は示されていなかったが、日常的なメンテナンスは、すべて東リの判断と指示で行われていたことからすると2万円には形式的な意味しかないと言わざるを得なかった。

L社の社員は、東リが定めた要領に従って日常点検を行い、チェックシートに記入していた。チェックシートは、月末毎に東リの製造課の係長が確認の上、押印していたが、その手順は、東リの他工程と同じであった。巾木のメンテナンスは、毎週金曜日に東リの電気係が押出し機類のフィルターの掃除・交換を行い、ラインの修理・部品交換などは、主に土曜のライン停止時に、東リの工務課および保全係によって行われていた。

請負代金の決定方法

東リは、業務請負における対価（代金）決定においては、前年実績に基づいて標準原価法にて原価総額をまず決め、これから原材料費を差し引いた差額をもって決定していた。その決定方法は、生産量ではなく、もっぱら東リの前年実績と生産計画によって決定していた。L社が自らの生産コストの計算に基づいて東リとの間で交渉して決定しているというものではなく、東リが自らの生産計画の範囲で決定していた。

年間予算を月割で決定した定額を巾木工程及び化成品工程の代金として支払われていたと東リは説明した。L社による交渉は形だけと言わざるを得ない実態だった。

2 東リ偽装請負の歴史と組合員らの関わり

L社は、1998年6月9日に設立された法人である。代表者Iの一人会社であり、設立以来、2017年まで、本社住所と代表者住所が同一の個人請負というしかない実態の法人である。

Iが、設立以前に巾木、化成品等の製造請負業務をしていた実績は全くなく、I自身が巾木、化成品等を製造した経験もない。登記に記された法人の目的の業務請負には、巾木、床材のほか全く関連性のないプラスチックレンズの製造や配送業務、印刷業の請負などが記載されているが、L社設立時期は、労働者派遣が自由化されていなかったところ、いずれも労働者派遣が認められていない職種ばかりであった。

設立当初は東リ従業員も混在するはっきりした偽装請負状態であった。

しかし、組合員の藤井啓志が1998年11月に、藤澤泰弘が1999年1月に、L社に採用されて東リ伊丹工場で就労を開始した後に、偽装は徐々に巧妙化していった。今回、古くからいた組合員が裁判の当事者に加わっていたからこそ、偽装の歴史が分かっていたことも裁判を有利に進められる要素であった。

L社は、1999年頃は、L社の従業員も東リ従業員も、更衣室やロッカーを区別なく使用していた。L社従業員と東リ従業員らは、東リから支給された制服を着用し、工場内で混在して、全く区別なく就労していた。

藤井は、就労当初はRS工程に配属され、その翌年の1999年1月初め頃、巾木工程の人員不足から巾木工程へ配置転換された。RS工程も巾木工程も東リ従業員らとL社従業員は混在して就労していた。巾木工程は前述のように一班4人体制で、3班12人が三交代で勤務していた。藤井が配属された班は、東リ従業員の2人とL社従業員の2人（藤井ともう1人）という構成であった。藤井は東リ従業員の2人から教育訓練を受けた。

1999年の法改正までは、未だ労働者派遣可能な業務が限定されていたいわゆるポジティブリスト時代であったから、原告らが混在労働で就労していたとの事実は、すべての工程において請負形式で労働者派遣による就労が継続しており、すべて偽装請負だった。L社設立時期からみて東リにおける違法な派遣就労は、1998年から開始されていたのである。藤井と藤澤は、少なくとも、派遣が製造業に解禁される前から巾木工程で働いていたのである。

しかし、1999年から1~2年をめどに巾木工程はL社従業員らだけで運営する計画が示され、2001年ごろには巾木工程での混在はなくなっていたが、それでも東リ従業員であるFが巾木工程の常勤主任として存在し、東リが明確な指揮命令をする体制が継続していた。最終的にFが常勤主任を降りる2010年頃まで、東リによる指揮命令が大手をふってなされていたのだ。

しかし、2013年頃から東リ製造課所属のTが巾木工程に担当として品質管理を行うようになり、東リによる品質管理や指示、命令は形式上は隠れて行われるようになった。

藤井、藤澤に加えて、2000年7月から巾木工程で就労を開始した有田昌弘、同年8月から巾木工程で就労し始めた久間田勝也、2013年から同じく巾木工程で就労を開始した中西も、まだプリント巾木にいた東リ従業員のFから手ほどきを受けたことがあり、皆が偽装請負状態での就労を経験していたが、他方で形式上は偽装が巧妙になり、働く側も偽装請負を告発するという発想はなかった。当時、東リの担当者のTも「いや、グレーなんは分かっているですけど」といった発言もしていたのだが、東リに対して直接雇用を求めるという発想に立つことはなかったし、そもそも派遣法が2012年改正で、「労働契約申込みみなし制度」が制定されたことも誰も知らなかった。

組合結成・偽装請負告発から、全員職場復帰・直接雇用・正社員化まで

全東リなかまユニオン（なかまユニオン東リ支部）　有田昌弘

1　労働組合結成のきっかけ

請負会社代表者のパワーハラスメント

私たちが労働組合を立ち上げたのは、２０１５年８月のことである。きっかけは、請負会社（有）Ｌ社のＩ社長が特定の従業員に対しての退職勧奨（クビにすると明言していた）と不当な賃金カットだ。その他にも、休日や勤務時間外に従業員を、「サラリーマンだから付き合いは当然だ」とか「主

任会議」と言って、頻繁に、ほぼ強制的に飲食店に呼び出し、飲食の相手をさせ、その席で気に入らないことがあれば、延々と説教を繰り返すという有様だった。それだけではなく、大勢の人々の前で、飲食店の店員にすら叱責することもしばしばだった。それらが離職の原因になることもあった。

私の入社は、2000年7月のことだが、その頃のI社長は、わがままなきらいはあったが、従業員に対しては、ある程度気遣いがあった。しかし、年数が経つにつれ、横柄な態度は増長していった。私はこのL社に何度も入社と退社を繰り返している。私はI社長に気に入られていたので、その辺の融通はかなり利いた。

2015年5月に職場に戻ってきた時は、その雰囲気は良くなかった。私の職場は巾木工程で、全部で13人の現場作業員と1人の女性事務員がいた。従業員の間でいがみ合い、「アイツが悪い、コイツが悪い」と罵り合っていた。実はその原因となっていたのが、I社長からの圧迫であった。深夜であってもお構いなく呼び出し、飲食を共にさせたり、夜勤の者を勤務前に呼び出し飲酒させ、そのまま出勤させるなど、業務を滞りなく遂行させようという責任感は、I社長からは感じられなかった。しかし、それに従業員が意見しようものなら、どうなるかは火を見るより明らかだった。それまでに、I社長の態度に嫌気が差し辞めていった者やクビ同然で辞めざるを得なかった者は数知れない。結局、I社長がおかしいとわかっていながら、それを言うことができないので、その苛立ちの攻撃対象が、共に働く従業員同士に向けられていったのだ。

私はその状況を何とか変えなければと思い、2015年6月、大阪労働局の総合労働相談コーナーに行った。しかしまともに対応してもらえなかった。その時の担当者が請負について、適切な知識を持ち合わせていなかった。私たちを個人事業主として捉えていたのだ。請負会社の従業員であり労働者であることを理解していなかった。担当者は「労働組合に相談したらどうか」と私に勧めた。そこで、インターネットで検索し、連合大阪を見つけた。連合大阪に電話し、総合労働相談コーナーで言われたこと告げた。「個人事業主かどうかは、働き方の内容による」と電話に出た相談員は答えた。それから私は現場で起こっていることを説明した。不当にクビを告げられている者、不当に賃金カットされている者がいることを。相談員は実際に被害を受けている者の話を直接聞きたいとのことだったので、私は賃金カットをされていた藤井を説得し、連合大阪に連絡を入れさせた。その結果、連合に出向いて相談を受けることが決まった。最初私は、L社の所在地が大阪市内だったので、連合大阪に電話相談したが、私たちが勤める事業所が、兵庫県伊丹市だったので、連合兵庫ユニオンで話が進められた。相談に行ったのは、藤井と、I社長からクビを告げられた上に、賃金カットまで受けていた藤澤の2人だ。

連合兵庫ユニオンでは、個人でI社長に対抗するのは困難であるから、職場で労働組合を立ち上げようということになり、早速、職場で組合の組織化が開始された。その時の中心となったのは藤井である。彼は、組合を作ればI社長の横暴と対抗することができると他の従業員を説得した。その結果、I社長憎しの感情が爆発し、あっと言う間にL社の従業員20人のうち11人が組合員となった。執行委員長には藤澤が選出された。それは藤澤が一番I社長から攻撃をされ、解決すべき問題を抱えていたからだ。そして2015年8月23日、連合兵庫ユニオンL社労働組合が発足し、労使対等の関係を構築するために、I社長との正面対決が始まった。

組合をつくって対抗――権利闘争の始まり

私たちが一方的にL社のI社長の言いなりになっていたのは、労働法の知識に乏しく、会社の言うことに逆らえば、クビになると思い込んでいたからだ。また自分たちで労働組合を組織できるとは夢にも思わなかった。訴訟や労働基準監督署への申告など、個人で会社に対抗する手段がないわけではないが、会社からの報復や、非正規労働者の立場から様々な事情を考えると、思い切って闘う勇気は持てなかった。

私の場合、離職することには何の抵抗もなかったので、「クビになるのなら、なってもかまわない」という気持ちで動き始めた。そこで先ず藤井を説得した。「どうせクビになるのなら、闘ってクビになっても同じこと。座して死を待つより、闘って死ね」と発破をかけた。

幸運だったのは、彼が労働法の知識を少なからず持ち合わせていたことと、労働者の権利意識が強かったことだ。既に自分たちの働き方が偽装請負であることも理解していた。彼は、毎日請負現場に出入りして、指揮命令を行ってきた東リの技術員スタッフに対しても、「君のやっていることは、偽装請負になる」としばしば苦言を呈していた。

連合兵庫ユニオンで相談が始まってから、組合組織化はスムースに進み、2ヶ月ほどで組合結成式を迎えることができた。その間、組織化の動きを社長に悟られないように細心の注意が払われた。連合兵庫ユニオンからの指示により、当面の間、I社長との距離が近い者については、組合加入の声かけはしないことになった。

組合を立ち上げて最初の仕事は、組合の公然化だった。2015年9月2日、直接I社長宅に向かうことにした。それに参加したのは連合兵庫ユニオンの事務局長とアドバイザー、L社労働組合の藤井書記長と私の4人だった。

I社長宅に向かう途中で、偶然、I社長に出食わし、その場で組合結成通知と第1回団体交渉の申入書を手渡した。社長は突然のことに驚き、かなり狼狽していたようだった。そこから約2時間、私たちは道端でI社長の叱責を受けることになった。飲食店に私たち従業員を強制的に呼び出し、怒鳴り散らしていたことも、「日頃の労をねぎらうために、美味しい物をご馳走していただけだ」と言い訳した。挙句の果てには「お前たちにどれだけお金を使ったと思っているんだ!」と、誰も喜んでいない会食に強制的に呼んでおきながら、そのことを差し置いて、私たちをなじった。その一方で「こんなことになるとは思ってなかった」と、実は自分が思うままに会食を楽しんでいた本心を吐露するような場面もあった。

公然化を終え、後日、私たちは団体交渉に臨むことになった。私たちは誰一人として団体交渉の経験がなかったので、サポートとして連合兵庫ユニオンの事務局長とアドバイザーが出席した。

第1回の団体交渉において、I社長に勤務時間以外の呼び出しを原則として行わないこと、勤務時間以外の呼び出しは、飲食店や私的な場所ではなく、事業所内の会議室とし、時間外手当を支払うことを約束させた。これらは当たり前のことではあるけれど、組合結成前は誰もI社長に対して、このような話をすることができなかった。しかし、I社長は飲食店への呼び出しについて、善意から行っていたと主張し、謝罪は一切しなかった。

その他、不当な賃金カットについても、遡って支払わせることができた。また残業手当と深夜勤務手当の基本的な計算方法が、会社発足当初から間違いがあり、この不足分については、2年分しか請求できなかったが、社長は慌てて支払いに応じた。藤井によれば、過去に一度、この件についてI社長に直談判したが、激怒され一蹴されたとのことだ。

このように組合を組織して要求することによって、個人ではどうしようもできなかったことが、いとも簡単に正すことができるようになった。しかし、その後、会社側も勉強し、あからさまな違法行為はしなくなったものの、組合員に対し、就業規則を活用しながら、巧妙に嫌がらせを仕掛けてくるようになった。

元々、L社は、1990年代の終わり頃、当時I社長が派遣会社の営業マンで、東リ伊丹工場を担当していたが、何らかの事情で、派遣会社が撤退を決めた時、当時の工場長がI社長に請負会社の立ち上げを打診したことに始まる。当時は製造業派遣が認められておらず、業務請負と称して労働者を送り込み、東リの正社員と混在労働をさせていた。完全な偽装請負である。違法行為とわかって始めているからこそ、最初から遵法精神などなかったに等しい。

団体交渉の過程で、就業規則がないこと、36協定《さぶろくきょうてい》を結ばずに残業をさせていたことも明らかになっていく。これはI社長だけの責任というわけではなく、労働者自身もそれらのことに関心がなく、労働運動を通じて、初めてそれらの存在意義を知ることになる。

団体交渉の中で、I社長は就業規則があると言い張ったが、開示を求めても、いろいろ理由をつけて全く見せなかった。就業規則の変更と言って、新たなものを作ったが、古いものを誰も見たことがなく、労働基準監督署にも提出されていなかった。

一般的に労働者は就業規則に関心がなく、入社の際にも、詳細まで読んで理解している者はごくわずかであろう。本来は会社の賃金体系や福利厚生、社員が守るべきルールが書いてあるので、理解しなければならないはずだ。私たち組合員の大半も、同様に就業規則の存在を気にしたことがなかった。そもそも、I社長の一存で給与が変更されてきたことについて、その根拠を問うた者はいなかった。そのような就業規則への無関心が、のちに大きな災いを招くことになった。それはI社長が労働組合との交渉を経ずに、新たな就業規則を作って不利益変更を行い、組合へ報復を行った。赤字を理由に、組合の幹部を狙い撃ちにし、法律スレスレの賃下げを強行したのだ。当時、組合は就業規則がないことばかり責め立てるだけで、自分たちの利益となるよう、どのように交渉していくか戦略がなかったことが、そもそもの敗因であった。I社長に反撃され、痛い目を見る中で、組合としてどう闘うべきか模索しながら、誰から教わることなく、闘い方を組合員自身で覚えていった。

組合は不利益変更を撤回させるために団体交渉を続けたが、I社長は不利益変更については回答済みであり、これ以上交渉しても意味がないとして、第5回団体交渉を最後に、一方的に団体交渉を打ち切った。そこで組合は兵庫県労働委員会へ**不当労働行為**救済申立を行った。使用者が労働組合法7条に掲げる行為をした場合、組合が労働委員会へ不当労働行為救済を申し立てできることは、連合から教えられたわけではなく、藤井書記長が知識として持っていた。彼以外は誰もそのことを知らなかった。連合兵庫ユニオンの事務局長ですら、その申し立ての経験がなかったようだ。この時、組合員は労働組合として重要な権利があることを学んだ。しかし、労働委員会は、ある程度時間を要するため、その間にI社長は組合員への嫌がらせを強めた。それまで残業については、

36協定　労働基準法第36条により、使用者は労働者に法定労働時間（1日8時間、週40時間）を超える時間外労働及び休日勤務などを命じる場合、労組または労働者代表との書面による協定を結び、労働基準監督署に届け出ることが義務付けられている。届け出ていない場合、使用者は罰せられる。

不当労働行為　使用者が労働組合や労働者に対して、団結権、団体交渉権、団体行動権を侵害する行為を指す。労働組合法第7条で以下のような行為が不当労働行為として禁じられている。労働組合員であることを理由にした「不利益取扱い」、「団体交渉拒否」「不誠実団交」、労組の結成や運営への干渉（「支配介入」）等。

書類による事後報告でよかったが、事前報告制に変更するとし、わざわざI社長に直接電話連絡せよと言う。しかし工場の現場の人間なら誰でもわかると思うが、事前報告できるようなケースは非常に限られている。団体交渉で組合はその事情を説明し、事後報告でもよいとI社長から回答を得た。しかし後日、I社長はその合意事項を一方的に反故にし、事前報告をしなければ、就業規則違反として、組合員への脅しのために残業の事前報告の指示書を乱発した。さらに改善が見られないとして減給処分まで課した。ここでも組合の経験不足が露呈した。団体交渉の合意事項は、その都度、協定書を交わすという知識がなかった。しかし、それでも組合は合意事項を遵守させるべく、減給処分が課されようが事後報告を貫き通した。

この頃、私たち組合には、大きく欠落していたものがあった。それは、街頭や社前での宣伝やビラ撒きなどの抗議行動だ。今となっては、それが組合として必要不可欠なものだと理解しているが、その時はその発想は全くなかった。もしI社長の自宅兼事務所前や東リ前で訴えをしていたなら、結果はかなり違っていたものになったであろう。連合兵庫ユニオンから抗議行動をするよう勧められたことも、教えられたこともなかった。それどころか、労働組合として当然の権利であるストライキを検討したところ、連合兵庫ユニオンから脱退するように言われた。組合活動のあるべき姿を知ったのは、東リ伊丹工場を放り出された後で、私たち5人が「なかまユニオン」に個人加入してからだ。

第6回団体交渉の申し入れをL社が拒否したため、組合は次の手を考えなくてはならなくなった。I社長の組合員への嫌がらせ行為を、ただ受け続けるわけにはいかず、反撃の手が必要だった。その一つが偽装請負の問題だった。いろんな面で法律的なことに知識が薄かった私たち組合は、弁護士に相談しようと考えた。連合兵庫ユニオンにも顧問弁護士がいたが、事務局長は弁護士が高齢であるとして、あまり乗り気ではなかった。そこで私たちは独自に弁護士を探し出すことにし、その了解も事務局長から得た。

私は偽装請負についてインターネットや書籍などから情報を集めた。そこで辿り着いたのが、偽装請負・違法派遣等、非正規労働者の問題を主として闘っている堺総合法律事務所の村田浩治弁護士だった。私たち組合は、こう着状態にあるI社長との闘いの打開策を相談するため村田弁護士を訪ねた。2016年8月のことである。村田弁護士は、私たちの話を聞いた上で、就労形態が請負であることに着目し、偽装請負であれば、労働者派遣法40条の6「労働契約申込みみなし制度」によって、東リに直接雇用を求めることができると、私たちにアドバイスした。L社のI社長の呪縛から解放されたい私たちにとって、打ってつけの話であった。

藤井　自分で何かを起こそうとかの考えは一切なかったですね。

村田　それは何で？

藤井　どうしたらいいか術がわかんないし。

有田　何かきっかけがいるんでしょうね。

藤井　安いなりには、一応給料をいただいてたんで。

田中　東リとの雇用関係は意識しなかった？

藤井　そこまで考えてないですね。

有田　藤澤さんは偽装請負って感覚はなかったよな。

藤澤　まったくなかった。

藤井　家庭もあるし、生活かかってるし。

村田　藤井さんは偽装請負と思ってた、藤澤さんは全然気づいてなかった、と。

藤澤　僕は労働法や派遣法に全く知識がなかったので、東リの言われるままに。

久間田　僕もまったく知らなかった。

村田　東リ正社員との格差・差別的扱いは気にならなかった？

偽装請負と知っていたか

村田弁護士　2007年頃、パナソニックPDP事件などで偽装請負が話題になりました。自分たちの働き方も、偽装請負だと意識していましたか。

有田　偽装請負だと昔からわかってたよね。

藤井　わかってました。

有田　T（東リ社員）にしょっちゅう「偽装請負やぞ」って言ってたやろ。

藤井　巾木に入ったときはわからなかったけど、Fさんが常駐になったとき、自分らでやってと言われてたのに、指揮命令されてるのがこれちょっとあかんやろと頭にありました。かといって、どうこうしようというのはなかったです。

有田　自分らもそういう立場であるけど、だからって闘うすべも知らない。

中西　偽装請負でも働くことはできてるし、それを訴えて何が変わるのかわかっていなかった。

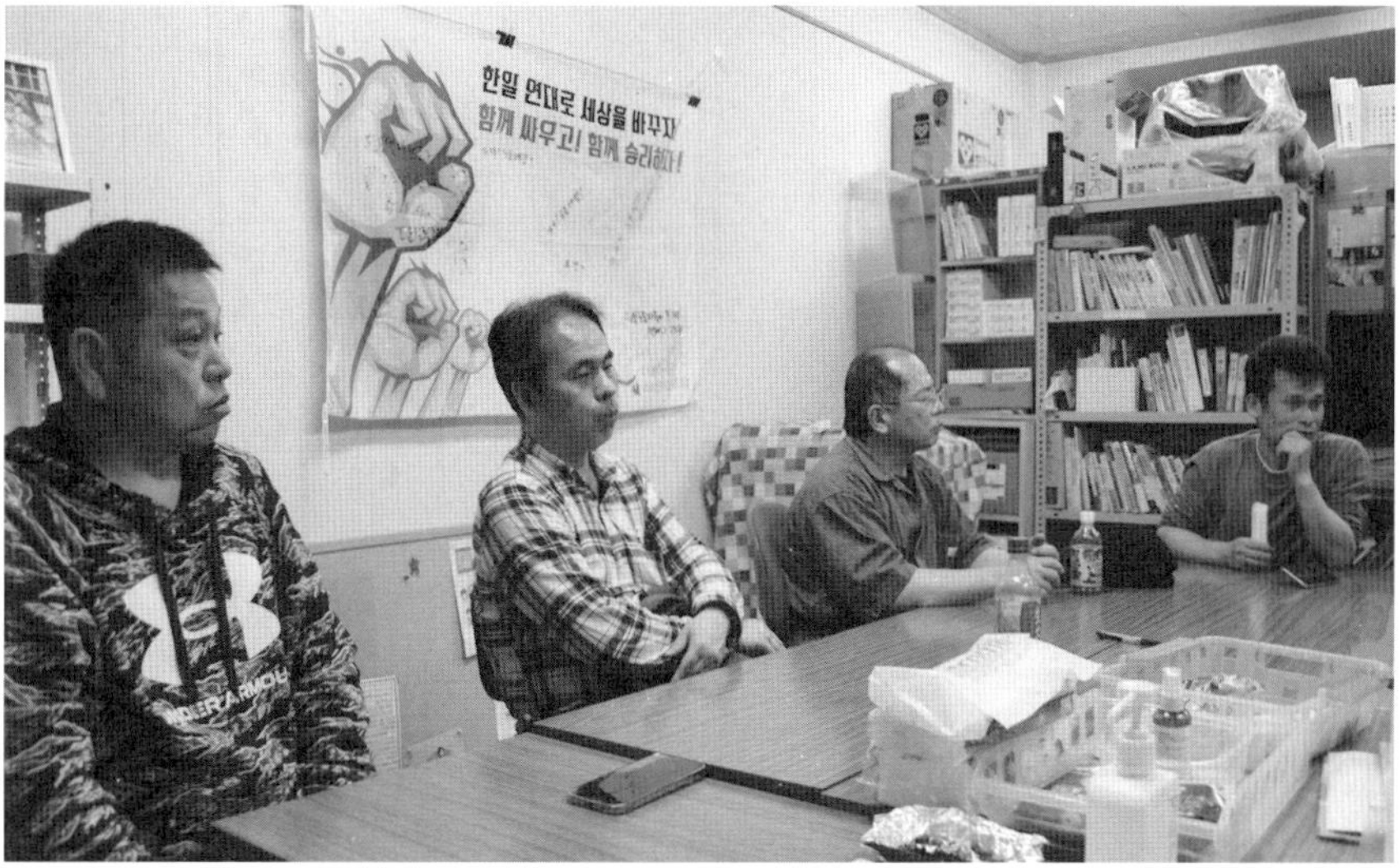

藤井　格差は自分は感じてました。ボーナスのシーズンに正社員がそういう話をしているのが耳に入るし、掲示板に貼ってますよね。2・67ヶ月とか東リめっちゃいいなと思ってました。

藤澤　正社員はもらえていいな、こっちはボーナスもないしなぐらいの感覚でしたかね。

村田　同じように仕事しているのに格差は感じていた。だけど、しゃあないと思っていたんですね。

藤澤　現状を受け入れるというか、L社がちゃんと契約書に賞与はないと書いている。それで納得して働いてるわけやから。

藤井　術がわからなかったっていう。

―社長の横暴、パワハラ

村田　組合（連合兵庫）に相談に行こうと思ったのは、社長のパワハラに対抗する目的でしたか。

有田　相談の前に労基署に行ったりもしてました。

藤井　藤澤さんをクビにするっていう問題が浮上して、つまり―社長がそう言い出して、藤澤さん以外のメンバーを集めて意見を聞くっていう飲み会があって、「なんで大事な話を居酒屋ですんねん」と思いながら自分は行ったんですけど、どうやらHとかが吹聴してたみたいで。

藤井　Hは当時のI社長の付き人。そいつが藤澤さんの今の現場での仕事ぶりをどうやら吹聴した。「別に藤澤さんがおらんでも、僕らでやります」みたいなこと言ったらしい。自分はことあるごとにI社長にいろいろ言ってましたが、この件も、「絶対駄目です。藤澤さんは巾木で古株やし、そんなことしたらむちゃくちゃなりますよ」と言っていたんで、自分のおらんとこで他のメンバー集めて、藤澤さんを解雇するように何か進めてたみたい。

中西　で、飲み会に出席した社員にIがこう言うんですよ。「私が言ってることが正しいよね？　こいつに減給とかの罰を与えるべきだよね？」って。

有田　そういう場に呼び出されるのも嫌じゃないですか。

藤井　しかも時間関係なしに、仕事中とかにも呼び出すんで。

中西　多い人はそれこそ月に2、3回、土日とか仕事終わりにIの家の近所の居酒屋に呼ばれるわけですよ。

村田　全員？

藤井　そうです。4年に1回ぐらい主任降ろす会議があるんすよ。巾木名物の。ほんで「新たになった奴がアカン。またうち戻ってくれ」の理不尽な繰り返し。

村田　Iのパワハラ自体はずっとあったわけですね。

有田　気に入らん奴にガンガンパワハラやって、辞めて

藤井（左）、藤澤

いったやつ何人もいますからね。

藤井　飲みの席で、バーンとやって辞めていった人もいるし。

組合を結成する

村田　2015年に組合結成にいたったきっかけは？

藤井　給料の引き下げだったり、藤澤さんの解雇問題だね。

有田　藤澤さんがもう顔引きつってもう辞めるしかないなとか言ってたから、僕が相談に行ったんや。

藤井　そんな一番ひどいときに有ちゃんが帰ってきてくれたんですよ。「今の状況はどうなん？」と飲み会の後に電車の中で話したんですわ。そのとき自分の目が死んでたらしい。当然ですよね。給料は下げられるし藤澤さんの解雇問題でもう毎週呼ばれるしで。

村田　給料はみんな下がったんですか？

藤井　いえいえ、自分と藤澤さんだけです。

村田　何かミスしたから？

藤井　何にも。もう全部口頭だけです。「ミスしたお前は来月からこんだけ下げる、手当も下げる」。一番びっくりしたのは勤続手当丸々取られたこと。親も病気でどうしようかな、と。

有田　それで、本人から言わすんやろ。

藤井　本人から言わせる、じゃあもういいです、給料、引いてくださいって。

中西　違うことを言ってもI社長の望む答えを言わないと「そうじゃないよね」と答えを誘導される。

有田　最初は連合大阪に電話したんですけど、事業所が伊丹ということで、連合兵庫に行ってくださいっていう話になって。

村田　そこは割とすんなりとみんな組合に入った。

藤井　そうそう。直後9人でしたね。

有田　もう社長と闘うとみんな乗り気で。辟易してもう我慢できんと。残業代は、日給月給1万円で計算してたからその分不足分を遡って支払えってのは払ったんですけど、要は法律どおりに残業代を今度支払うとなると、額がすごくなるから、社長が今度は「残業するな」「事前連絡しろ」みたいな感じになり。

田中　残業代は実際とは無関係に1日1万（時給1250円）で計算しとった？

藤澤、有田（右）

藤井　日給月給のときのまま計算して、それが入社以来ずっとなんす。

中西　自分も入社の時に残業代の計算方法について聞いたら、1日1万で計算してるって説明されました。

有田　で昔一回それ言うたことあったんやけど、社長に怒鳴られて。

藤井　自分も研修期間が終わって給与明細見たときに、残業の時間手当見てすぐ気がついたんすよ。同じやったから。社長のとこ行って、どういうことですか、これ違いますやん、固定給なったんやからちゃんと固定給で計算してもらわないと自分納得できませんよと言うたら、お前何言ってんだよ、ワーッと言われて、みんな集められて、藤井がどうのこうの言うて、申し訳ございません、僕が間違ってました、みたいな。正当な権利を主張しただけなのに。

2 東リの偽装請負を告発する

自分たちの働き方は、偽装請負ではないか

東リ伊丹工場での私たちの働き方が、偽装請負であることに気づいていたか否か。それは人によって違う。明らかにおかしいと思っていた者もいるし、無関心だった者もいる。２０００年に入ってから、企業が派遣労働者や請負労働者など、非正規の労働力を増やした結果、正社員として就職することが難しくなった。私たち組合員も非正規労働者として働くしか選択肢がなかった者が多い。それが偽装請負であろうとなかろうと。

自分たちの働き方が、偽装請負と認識することは簡単であった。２０１０年前後に、キヤノン偽装請負事件、パナソニックＰＤＰ偽装請負事件があり、そのニュースを知らなかったわけではない。自分たちが同じような状況にあることぐらい簡単に想像できた。全員ではないが、日々当たり前のように、東リの正社員に指揮命令されることについて、不満を持っている者はいたし、それが偽装請負であると認識していた。Ｌ社に任されていた巾木工程で、東リの正社員の主任が週間予定表を作成した際も、作成者印のところは、Ｌ社の従業員の印鑑を押印していた。それは、書類上で偽装

請負の証拠を残さないためであった。では、それをわかっていて、なぜ闘わなかったのか。その答えは明快である。闘う必要性を感じていなかったからだ。日本のあちらこちらで、偽装請負と言えるケースは数えられない程あるだろう。その中から立ち上がって闘い始めるのは、ほんの一握りだ。何かのきっかけがなければ立ち上がろうとはしない。

私たちの場合は、I社長の呪縛を断ち切るために、偽装請負を突こうとしたのだ。そもそも偽装請負自体を問題視したわけではない。組合として直接雇用を求めていく方針を打ち出したが、組合員の大半は権利意識の目覚めというより、単にI社長の嫌がらせを受けながら、この請負会社で働き続けることができないと考えていたからだ。もちろん正社員と同じように働きながら、賃金格差など不合理な差別に納得できなかった組合員もいたことは確かだ。そう考える組合員は「労働契約申込みみなし制度」に基づく、労働契約承諾を通知することになる。そうでない者は、偽装請負の闘いから離脱してしまった。その理由はその当人にしかわからないが、一つ想像できるとすれば、闘いには必ずリスクが伴う。そのリスクを家族含め負う勇気があるかないかが、分かれ目であろう。

私について言えば、自分が直接雇用されることに興味はなかった。それまでの生活スタイルとして、海外渡航を頻繁に繰り返しており、その資金作りのため、非正規労働の方が都合が良かった。では、なぜ「労働契約申込みみなし制度」によって直接雇用を求める闘いを始めたのか。それは、請負会社の偽装請負を突いて、I社長を単に追い詰めようと考えた。東リを叩けば、その下にぶら下がるものが、ポロッと落ちていく。そんな風に考えた。それ以外に理由はない。とは言え、L社の撤退が決まった後も、直接雇用を求める闘いを、今日まで続けてきたことをどう説明するのか。実際に、社長憎しだけで闘って来た者は、請負会社の撤退が決まった時点で、闘う気持ちを失った。

私は労働者の権利向上・回復のために闘ってきたのではないことだけはハッキリさせておく。結果的にそうなったとしても。私の考えは別のところにあった。当時、組合員の中に、結婚したばかりの者や、2人目の子どもを授かった者がいて、彼ら若い組合員が、この先、子どもが成長して学校に上がれば、多額の学費や養育費がかかるようになる。そうなった時、派遣労働の収入で、それを賄うことは難しいし、何よりも派遣労働は派遣切りというリスクがある。子どもが大きくなり、もし、そういう時に派遣切りになったら、一家路頭に迷うことになりかねない。そうならないように、なんとかしたかった。より安定した雇用を求めて、直接雇用されるチャンスがあるなら、それを生かして闘おうと呼びかけた。しかし、大半の組合員は「長いものには巻かれろ」的な発想で、東リと事を構えることを嫌がった。

その後、組合に残った5人だけが東リに職場を追い出されてしまったが、黙って引き下がるつもりはなかった。やることだけはやってやると考えた。

最初、偽装請負を突いて、その結果どうなるかは、まったくわからなかった。一つ考えられるとすれば、違法行為を明らかにすれば、東リが適法になるよう雇用形態を改め、L社を切るだろうということだ。実際、東リは2017年3月末に請負会社との契約を止め、新たな派遣会社に切り替えた。しかし、これについては、東リがL社内の労働争議を嫌ったとか、他の要因があるかもしれない。

村田弁護士と相談して、「労働契約申込みみなし制度」を使って、直接雇用を求めることができると知った。それにより明確な方向性が見えてきた。しかし、組合員の多くはI社長から離れることができれば、必ずしも直接雇用である必要はなかったようだ。事実、他の派遣会社、あるいは労働組合の労働者供給事業等の話にも興味を示した。

それでも現実的な道筋としては、「労働契約申込みみなし制度」を使い、東リに直接雇用を求めることが、より良い選択と考え、2016年10月頃、私たち組合は、東リに直接雇用を求める方針を打ち出した。それによって、11人だった組合員は16人に増えた。

ちなみに、労働争議中、藤澤委員長などが「村田弁護士と相談して、自分たちの働き方が偽装請負であると分かった」と争議報告などで述べてきたが、それは組合全体の態度としては、そうであるが、組合員個別に関しては、偽装請負と知っていた者は少なくない。

東リ「L社との契約更新をせず、新たな派遣会社に移籍させる」

2017年2月末、東リ伊丹工場のN工場長が、L社と3月末の契約更新をしないことを決めたと組合幹部に告げた。そして私たち請負会社の従業員の雇用の受け皿として、新たな派遣会社を手配し、そこに全員移籍させると言った。

組合はN工場長のその話を、丸ごと受け入れるつもりはなかった。交渉により直接雇用に持ち込もうと考えた。上部団体連合兵庫ユニオンを通じて、今後の雇用について話し合いを申し入れる書面をN工場長に手渡した。N工場長は「10日ほど時間を下さい」と回答したが、結局、労使関係がないとして、この申し入れを蹴った。

実はその時、組合は東リを相手に、有利に交渉を進めることができる状況にあったが、それをうまく活用できなかった。それは組合内で意見が分かれてしまったからだ。

その頃、36協定の更新時期にあった。I社長は藤澤委員長宅に36協定の届け出用紙を送りつけ、署名捺印の上、返送するようにとの旨を連絡してきた。しかし、組合は、I社長が団体交渉を含め、一切の話し合いを拒否していたので、36協定の署名捺印の条件として、組合との交渉のもとで行うと返答した。それでもI社長は交渉を拒否し続けたので、その結果、2月の繁忙期に、東リの巾木工程に対する増産要請に応えることができなくなった。東リの増産要請に応えることができなければ、もちろんそれは契約違反となり、契約解除の理由となる。そこでN工場長がどう出たかと言うと、I社長に対しては、「すぐにでも増産してください」とプレッシャーをかけながら、組合に対しては「社長と契約を切りたいので、36協定の締結を引き延ばしてください」と、二枚舌的に巾木担当技術員スタッフを通じて要請したきたのだ。

組合としては、契約解除後の私たち従業員の処遇がどうなるか不安を持つ者もいたが、交渉なしに36協定の署名捺印をするつもりはなかった。結局、I社長が組合との交渉に応じなかったので、36協定の合意はできなかった。

N工場長の策略により、L社は契約違反となり、I社長は契約解除に持ち込まれてしまった。36協定を更新できなかったI社長は、突然、東リに3月1日をもって、巾木工程の請負契約を派遣契約に変え、指揮命令権を返上すると告げた。なぜ、そのようにしたか、I社長の真意は理解に苦しむが、指揮命令権を返上することで、36協定未締結の責任から逃れられると考えたのかもしれない。現実的にはそんなことはありえないが。同様に、同工程の従業員にも派遣契約書に署名させようとした。しかし、私たち従業員はそれを拒否したので、その後、合意なく派遣労働に従事させられたことになる。

ここで実に興味深い事実が明らかになる。請負から派遣に変えても、業務内容、仕事のやり方にまったく変化が見られなかった。そのことは裁判でもN工場長が証言している。これは、それまでのやり方が、請負業務としながら、実態は労働者派遣であったことを自白したようなものだ。私たちが逆転勝訴した大阪高裁の控訴審でも、清水響裁判長の「請負から派遣に契約を変更した前後で、業務に違いがあったか」の求釈明に対し、東リはまともに回答できなかった。

3月1日の契約切替に際して、N工場長は組合に対し、36協定を締結していないことがわかっていながら、巾木の増産に応じるよう求めてきた。組合は増産することに何の異議もなかったが、違法前提の東リの要求に対し、直接雇用を求める交渉のチャンスと捉え、東リに増産態勢に入る条件として、組合と話し合いの機会を設ける申し入れをしようと考えた。連合兵庫ユニオンを通じて、申入書まで作成したが、いざ渡そうとなると、組合員から異論が出てきた。増産態勢に入ることと、話し合いを求めることとは別問題だと。また、I社長が撤退することが決まったのだから、東リと闘う必要はないと言い出す組合員も出てきた。

それまでは、皆がI社長憎しで、それが原動力となって、一致団結して、組合活動が上手くいっていた。しかし、それが仇となった。組合員の多くが、労働運動の基本的な理念を理解していなかった。労働組合は、そもそも労働者の権利の向上を求めていくものであり、確かにそういう部分の教育を怠ってきた。その結果、I社長がいなくなると分かった途端に、団結が瓦解し始めた。

会社と組合の交渉はシビアだ。雇用関係がないなら尚更だ。有利な状況を極力生かすしかない。私たち組合は、絶好のチャンスにあった。東リが今すぐにでも巾木の増産をしないと出荷に影響がでるところであった。組合幹部はそれを足掛かりにして、東リとの直接交渉に漕ぎ着けたかった。ところが、組合幹部の説明不足だったのか、反対する組合員が目先の利益（残業が増えて、収入が増える）ばかり追ったのか、東リに気を遣ったのか分からないが、東リへの話し合いの要求は、増産態勢の受け入れとは別にすることになった。案の定、組合の申し入れは、東リに拒否されたのだ。

偽装請負を告発、労働契約承諾の意思表示

東リが話し合いを拒否したため、２０１７年3月16日、組合は弁護団と共に、兵庫労働局に出向き、東リの偽装請負を申告した。これは直接雇用に前進するために必要な手続きだった。

L社に代わって、私たちの雇用の受け皿となる新たな派遣会社（株）S社は、同月20日と21日の

両日にわたって採用面談を行った。その面談は簡単な適性テストと採用条件の提示だけであり、その他は従業員の質問に答えたのみにとどまった。採用前提の面談であったことは明らかである。

労働局への申告の後、同月17日、組合の全組合員の直接雇用を東リに求める方針のもと、先行して4人の組合員が、労働者派遣法40条の6「労働契約申込みみなし制度」に基づいて、労働契約承諾の意思表示を東リに郵便で発送した。これは強制ではなく、個人の意思に委ねられた。奇しくも4人は巾木工程の24時間3交替制の3班の内の同じ班のメンバーである。そのメンバーは私、藤井、久間田、中西である。私が意思表示した理由は、前述の通りだが、藤井は、労働者としての権利意識が強く、同じ仕事をしながら、正社員との労働条件の格差に納得できなかった。久間田は、正義感が強く、東リの不正を糺すことを考えていた。中西は、バブル崩壊後のいわゆる失われた世代で、派遣会社を渡り歩いてきた。ブラックな派遣会社に勤めたこともあり、派遣労働を渡り歩きながら、辛酸を舐めさせられてきた。そんな彼は正社員になるチャンスを求めていた。

その頃、藤澤委員長は労働契約承諾の意思表示を保留していた。個人のプライベートな事情でもあるので、その理由を記述することは差し控えるが、諸事情から藤澤委員長が切られる可能性が大きいと判断した私は、彼に労働契約承諾の意思表示をするよう説得し、結局、4人の意思表示に間に合うことができなかったが、その後、弁護団の手続きの関係上、遅れて同年8月25日に東リに意思表示を送付した。

組合員5人に対してのみ不採用通知

L社の従業員全ては、前述のようにN工場長が手配したS社へ移籍することになったが、移籍するにあたって、形式上、S社の面談を受けることになっていた。そのことはN工場長から事前に話があった。S社の担当者が職場にやってきて、採用に際しての労働条件の説明があった。そこで一つ問題が出てきた。L社の賃金支払いは固定月給制だったが、派遣会社では当然のことではあるが、S社は時給制で支払われるとのことだった。そうなれば、年末年始やお盆、ゴールデンウィークの休みが多い時期に給与が減ってしまうので、生活が厳しくなると、数人の組合員が移籍せずに、退職を考え始めた。組合はそういう彼らに団結して東リに直接雇用を求めようと呼びかけたが、一部の組合員が組合に知らせずに、独自でN工場長に固定月給制にするよう直談判していた。実際どういう話がなされたかは定かではないが、その結果、S社が条件を固定月給制に変更した。その後、組合員の大半が、東リと闘おうとする組合の方針に背を向け始めた。S社の採用面談後の3月21日夜のこと、直接雇用を求めるために、組合として東リと団体交渉を行う旨を組合員に伝えたところ、どういうわけか16人いた組合員のうち11人が一斉に組合を脱退してしまった。

前述の労働局への申告後、同月22日に労働局は東リに立ち入り調査を行ったようだ。私たちはその場に居合わせなかったので、人伝に聞いた。L社のI社長も同席していたようだ。I社長は「とんでもないことになる」と警告していたと聞いた。その時、採用選考の最中だったので、私は悪い予感がした。

3月25日、組合に残留した私たち5人の自宅に、S社から不採用通知が届いた。5人は、東リに労働契約承諾を通知した4人と組合の執行委員長である。これによって私たちは、3月末にL社が東リから撤退するにあたり、整理解雇となり仕事を失った。ここから私たち5人の6年間の職場復帰闘争が始まった。

弁護士と相談したこと

村田弁護士に相談したのは、I社長の組合攻撃に対抗するために、良いアドバイスが欲しかったからだ。その頃、組合は一方的な就業規則変更によって不利益変更を受け、それを撤回させるために団体交渉を行っていたが、I社長は会社が赤字であることを充分に説明済みであり、これ以上交渉しても意味がないとして、団体交渉を打ち切った。それからというもの、組合の要求を一切受け入れず、ただ組合員への締め付けを強化していった。対抗策として、元々、偽装請負であ

解雇されて初めての社前行動（2017年8月2日）

るとの認識を持っている組合員が多かったので、私は、それを突くことができないかと思い至った。組合を立ち上げた頃、I社長の横暴に対して、N工場長に助けを求めたが、雇用関係にないとのことで、ソッポを向かれた。その時は、東リの偽装請負を正そうとか、直接雇用して欲しいとか、そういう気持ちは無く、単純に東リにI社長を何とかして欲しいという気持ちだけだった。東リが私たちを助けてくれないのであれば、この際、東リの偽装請負を突けば、I社長との契約の見直しもあり得るのではないかと考えたのだ。

話は逸れるが、今から10年以上前、いわゆる２００９年の派遣問題があった頃、東リからL社の方に、L社の従業員を東リの正社員にするとの話があったと聞いている。それをI社長が抵抗し、蹴ってしまったとのことだ。

取り敢えず私はインターネットで、偽装請負について調べ始めた。そこで労働省告示37号（１１４頁）に行き当たった。そこには一つでも該当するものがあれば偽装請負であると書かれていた。内容から考えると、L社の請負は偽装請負であると確信した。実際に過去の偽装請負問題についても調べてみた。その当時においては、偽装請負で闘っても、華々しい結果を得ることは難しいということがわかった。しかしながら、私たちの頭には直接雇用という発想はなく、単純にI社長から逃れようとするために、偽装請負を突いて何とかなればいいいなくらいの思いだった。しかし組合で偽装請負を扱うには知識がなさすぎるとして、弁護士に相談しようと考え、村田弁護士を探し当てた。村田弁護士と相談して知り得たことは、それまでは偽装請負を突いて、その後の雇用形態がどうあれ、I社長を追い出せれば御の字だと考えていたが、「労働契約申込みみなし制度」によって、東リに直接雇用を求めることができるということだった。それが実現できるかどうかは未知数だったが、I社長から逃れられ、なおかつ東リに直接雇用されるとなれば、それが最適の方法であると思った。

それからは、偽装請負の実態を明らかにするため、東リからの指揮命令や東リとL社との受発注の実態や、L社が自己の生産手段を持つかどうかなど、様々な証拠を集め始めた。それによって弁護士が言うところの古典的な偽装請負であることが見えてきた。その結果、組合は2016年の10月頃には、東リに直接雇用を求める方針を打ち出し、それに賛同する者が組合に加入し、組合員数はL社の派遣者を含めて16人になった。

東リと闘うことへの躊躇いと決意

組合を脱退した人たちの中には、東リとは闘いたくないという者がいたことは事実である。組合に残った者はどう思ったのか。藤澤委員長は決断するのにかなり時間を要し、私たち組合員がしつこく説得して、ようやくその気になった。家族との問題が大きかったようだ。あとの4人は職場が同じであり、4人で一つの班を形成していたので、意見がまとまりやすかったと思う。躊躇無く承諾通知を東リに送付できた。逆に他の班の者の大半は別の意見に流されていったのだろう。場の雰囲気の影響は大いにあり得ることだ。

5人の組合員が東リとの闘いを強く意識したのは、職場を追い出され、仕事を失ってからだった。それまでは、L社から新たな派遣会社S社への移籍が既定路線と思われていた。私たち組合員らは、取り敢えず、仕事は続けられるものと信じて疑わなかった。

S社に不採用とされ、東リで仕事ができなくなった私たちは、失業仮給付を受給する者が4人、アルバイトを2つ掛け持ちする者が1人と、それぞれ当面の生活を、そのような形で凌いだ。しかし、家庭を持つ者にとって、失業給付だけでは充分な収入とはならず、それが家庭での諍いの原因になった。まず、闘うためには家族の理解が必要だ。なぜなら、職場復帰闘争となると、他の職場で正社員になることを避けなければならない。家庭を守っていくのであれば、闘うことを選択せず、他で就職してしまえば手っ取り早いし、その方が家族も安心するだろう。元々非正規労働者なのだから、他でも似たような条件の職場を探すことはできたであろう。

しかし、それでもなお将来的に勝つという保証のない闘いに、どうして5人が諦めずに最後まで参加することができたのだろうか？　しかも前例のない日本初の「労働契約申込みみなし制度」による裁判であったにもかかわらず。それについて、組合員は口々にこう言う。「偽装請負という違法行為をしておきながら、それを認めず、私たちを職場から追い出したことが許せなかった」「その屈辱を晴らすため、必ず職場復帰を果たす」。過去を振り返り、当時の思いがどんなものだったか記憶が薄れてしまい、正確には覚えていないが、職場の人々とお別れの挨拶をしたとき「必ず帰ってくる」と言っていたことを思い出す。

3
露骨な不当労働行為との闘い

新たな派遣会社への移籍について

２０１７年3月末で、Ｌ社の東リ伊丹工場からの撤退が決まり、私たち組合員を含めＬ社の従業員全員が、東リが手配した別の派遣会社Ｓ社に移籍することになった。なぜそういうことになったのか、Ｌ社と私たちの組合との争議を振り返り、説明する必要がある。それについては、不当労働行為救済申立において、兵庫県労働委員会へ提出した陳述書に詳しく記述されている。以下は藤井書記長の陳述書からの抜粋である。

「平成28年12月26日付で、執行委員長藤澤の自宅に、Ｉ社長から36協定更新についての書面と協定届け出用紙が送付されましたが、前年度に初めて締結した36協定も、団体交渉で協議をせずに締結したので、組合から、36協定の更新は団体交渉で協議しますと、12月28日付でＩ社長に申し入れをしました。会社側はこの組合からの申し入れも拒否し、新たな労働争議となり、平成29年1月25日に、前年度の36協定の更新期限が切れて、26日以降は残業しないようにする書面が会社の側から送付されました。東リも繁忙期の増産依頼をＬ社にしていましたが、36協定が未締結で対応できないと伝えていました。組合側も、東リの工場長に36協定の更新に関しては組合側に非はないことと、組合の主張の正当性を理解してもらいました。

平成29年2月10日の朝7時頃に、巾木工程帳場内で東リ製造課スタッフTから私と有田に、『I社長を飛ばしたいので、36協定の締結は、なるべく延ばしてください』と依頼がありました。この発言は、36協定未更新の問題により、L社が東リの増産要請に対応できないことをI社長の責任として、契約を打ち切るのに利用しようとするものでした」

その後、東リの思惑通りに事が進み、東リ伊丹工場のN工場長はL社との契約打ち切りを決め、私たち組合に以下の要請をした。

「平成29年2月23日の午前8時頃、巾木工程に東リN工場長が来て、私に、『3月末で社長（L社）に、契約打ち切りの話をして辞めてもらうつもりです。3ヶ月後には19人全員を別の派遣会社に移籍してもらえるように、既に、1万人規模の派遣会社に打診しています。あなた方の雇用は東リで守ります。上層部にも話はしてあります。賃金も今より下がることがないように、年齢・経験等を考慮して、派遣会社を通じて補填させてもらいます。全員このまま辞めたりせずに、残って移籍の方向で考えて下さい』と言われました」

N工場長の打診があってから数日後、S社の担当者がL社従業員の勤務場所にやってきた。

「平成29年3月9日午後7時ごろ移籍先のS社W（西日本事業部大阪事業所所長）が巾木工程にきて、社員に労働条件や必要書類、今後の予定の説明があり、『賃下げになったことは聞いています。

時給換算するので、賃下げ前に近づけたいと思っています。ついては確認したいので、履歴書と一緒に、賃下げ前と賃下げ後の給与明細を送って下さい』と言われ、後日送付しました」

以上がS社との採用面談に至るまでの経緯である。

S社との面談

S社へ移籍を希望する全てのL社従業員は、S社との面談を受けさせられた。それまでのN工場長とS社のWの話から、面談はあくまでも形式的なものであり、移籍前提のものであると私たちは理解していた。以下は、兵庫県労働委員会の陳述書を引用して、面談の内容を示す。

「平成29年3月20日、S社との面談がありました。面談時間は短時間で終わりました。簡単な適性検査と労働条件の書類の確認で、固定給24万円と勤続手当の確認と、（同年）7月からの契約更新が未定だったので理由を聞いたところ、『この3ヶ月で東リと契約を続けていけるかの見極めや、この賃金で続けていけるか等を考えさせてもらいます』とのことで、私から更新についてお願いしましたが、『今のところ3ヶ月後どうなるかは未定です』と言われました。しかし『不採用となる可能性があるから、どうなるかわからない』というような話はまったく出ませんでした」（藤井）

面談の内容は、個人の質問により若干の違いはあるが、S社からの説明はみな同じものだった。ここからも移籍ありきの面談だったことがわかる。その中で、一番特徴的な面談は、久間田のケースだ。彼は以前に発症した疾患により、定期的に検査入院をしなければならなかった。S社の面談に際し、久間田は、S社のWに検査入院がどうなるか質問している。そのくだりを陳述書から引用する。

「4月の検査入院の件は工場長から聞いているので、本来、有給休暇はないですけど、こちら（S社）で給与補償はします。ただし、このことは他の人には内密にして下さい。社会保険関係もすぐに手配します」

このようなやり取りを聞いて、誰が不採用にされると思うだろうか？

組合員だけが採用拒否された

私たち5人が移籍のためにS社の面談を受けた頃、組合員は16人いた。面談の直後、11人が組合を脱退し、5人だけが組合に残された。その結果、その私たち5人だけがS社から不採用とされた。面談の前後の動きについてであるが、組合は東リの偽装請負の申告を兵庫労働局に行い、併せて組合員有志4人が東リに対し、「労働契約申込みみなし制度」に基づく、労働契約承諾を発送した。続いて兵庫労働局が申告に基づく、東リへの立ち入り調査を行った。これらの動きから、東リが組合排除のために、S社の採用活動に、不当に関与したものと思われる。

その頃、私たち組合は労組法7条の不当労働行為について、詳しい知識があったわけではない。2016年9月、L社の団体交渉拒否について、兵庫県労働委員会へ不当労働行為救済申立を行っていたが、その件については、藤井が知識を持っていた。あと、頻繁にI社長から組合員に対する嫌がらせがあったが、それらについては、連合兵庫ユニオンから不当労働行為であると説明があった。

S社が行った私たち組合員5人の採用拒否については、私たちにそれが不当労働行為かどうかの知識はなかった。弁護団から説明を受けて初めて、それが不当労働行為であると理解したので、直ちに私たち組合は、兵庫県労働委員会へ不当労働行為救済申立を行った。しかし、その問題については、実際は法的にセンシティブなようで、私たち労働者が理解できるような範疇のものではなかった。兵庫県労働委員会においても、JR北海道・日本貨物鉄道事件（平成15年12月22日最高裁）の判例が引き合いに出され、いろいろ議論があった（本書111頁）。私たちの単純な理解でいくと、組合員であるが故の採用差別は不当労働行為であるか否か。最高裁の判例によると、不当労働行為にならないようだが、ただ私たちが救済を申し立てたS社の不当労働行為の件については、兵庫県労働委員会は、「特段の事情」により不当労働行為と認め、私たち組合は勝利命令を得た。これは最高裁判例の流れの中で、それに一石を投じるような画期的な命令であるようだ。労働弁護団にとっては非常に重要なことのようで、この辺の認識は、私たち当該とは、かなり温度差があるように感じる。

はっきりと言ってしまえば、S社の採用拒否について、不当労働行為救済申立によって闘うというのは、弁護団が立てた論理による。私たち当該組合員には、そんな知識は微塵もなかった。

4 勝利命令と敗訴判決を経た勝利（労働委員会命令、1審2審判決）

兵庫県労委がS社の不当労働行為を認定し救済を命じる

　私たち組合は、兵庫県労働委員会へ2件の不当労働行為救済申立を行っていた。一つはS社の組合員採用拒否事件であり、もう一つが東リの団体交渉拒否事件である。東リの団体交渉拒否については、東リに使用者性はないとして棄却された。当時は神戸地裁で「労働契約申込みみなし制度」による地位確認訴訟が進行中だったので、労働委員会が裁判との相違を忌諱して判断を回避したものと考えられる。

　S社の採用拒否事件は、前述のように画期的勝利命令を得た。しかし、この時期、2019年4月頃、神戸地裁で裁判が進行中であり、私たちとしては、闘いの本流は東リとの直接雇用であり、労働委員会の件は最優先事項ではなかった。労働委員会の勝利命令は、一応の安堵はしたけれども、そんなに大きな喜びではなかった。ただ、その後の組合闘争を行う上で、プラスの材料となることは間違いなかった。大きく喜べなかった理由は、労働委員会の命令の実効性に対する疑問と、「どうせ中央労働委員会に上げられる」という思いからだった。闘争資金に問題があった私たちにとって、弁護団を含め当該の東京への遠征資金は頭を悩ます問題だったからだ。

（2023年9月、中央労働委員会で係争中だったS社の採用拒否事件は和解が成立、東リの団体交渉拒否事件は最高裁で判決が確定後、団体交渉が行われてきたので、S社との和解が成立したのを機に、組合は申立を取り下げた）

兵庫県労委での勝利命令を記したチラシを配る
藤澤委員長（2019年5月）

神戸地裁判決

2020年3月13日、1審の神戸地裁では敗訴となった。裁判の流れでは、私たち原告に有利と思われる展開が少なからずあったが、残念ながら判決では、その部分がまったく反映されていなかった。私たち組合員は判決を聞いて落胆したものの、それで闘いを諦めようという気持ちにはならなかった。私たちは幾度となく裁判を重ねてきた弁護団とは違い、裁判に対する固定観念がなかったので、1審で負けたからといって、悲観することもなく、あと2回チャンスはあるという気持ちだった。もちろん判決文を読んで、無茶苦茶な論理で、何ら根拠のない東リの主張ばか

神戸地裁判決。会社の主張だけをなぞる不当判決に抗議し、
控訴審で絶対に覆すと決意（2020年3月13日）

りを受け入れていることに関して、腹立たしい気持ちは隠せなかった。私たち原告の組合員たちは楽観的なのか無知なのか、次も負けるとは考えていないようだった。それに反し、弁護団が言うところでは、1審の判決は、その後の控訴、上告にも大きく影響を及ぼすということだった。控訴後の弁護団の言説には悲観的なものが溢れていた。

大阪高裁勝訴

２０２１年11月4日、大阪高裁は1審の判決を取り消し、私たちの主張を認める判決を言い渡した。見事逆転勝訴を果たした。正直にこの勝利は嬉しかった。原告として、やるべきことをやって、それが報われた瞬間だった。組合員らは口々に、「私たちは何も悪いことはやっていない。当然の権利を主張しただけだ」と言い続けてきた。自分たちが正しいと信じ、企業の不正を許さず、闘い続けてきた。同じような境遇で働く、非正規労働者にも良い知らせを送ることができたと、喜びいっぱいだった。

1審敗訴後、直ちに控訴し、逆転勝訴目指して闘い始めたが、当初、弁護団は一回結審があるのではないかと危惧し、組合員らも不安に思うことがあったが、大阪高裁の清水響裁判長は第1回期日から、東リの主張に疑問を感じたのか、釈明を求めた。そのポイントは派遣と請負の指揮命令についてであるが、派遣は派遣先に指揮命令権があるが、請負は請負業者にしか指揮命令権がない。東リ内でその指揮命令にどのような違いがあるのか。ざっくりと言えばそういうことである。私たち組合員のうち4人は巾木工程で働いていたが、2017年3月1日、L社は巾木工程の請負契約を、半ば強引に派遣契約に切り替えた。しかし、実態として切り替え前と切り替え後で、業務内容に何の変化も起こらなかった。裁判長は次の期日までに「切り替え前と切り替えた後で指揮命令にどのような違いがあるのか」釈明を求めたが、東リはまともに回答できなかった。そういうこともあり、弁護団の危惧を他所に、裁判期日が重ねられ、私たちに有利に進んでいった。しかし、同様の思いが敗訴した1審にもあったので、決して気を緩めることはできなかった。そんな中で私（有田）の1審に続く、2回目となる証人尋問が控訴審で認められたことは大きかった。それは滅多にないことだった。そのチャンスを生かすため、私は証人尋問が言い放しに終わるのではなく、できるだけ証拠に証拠を重ね、緻密になるよう心掛けた。結果的に勝訴となるのだが、判決文にある私たちの主張を読んだ支援ユニオンの人々は、「緻密であり、あれをひっくり返すのは難しいだろう」と高い評価をしていた。それはもちろん弁護団の手腕によるものだが、それを作り上げた弁護団の熱意に感謝を申し上げたい。

大阪高裁逆転勝訴を支援者に報告する原告と弁護団（2021年11月4日）

組合員座談会

争議を振り返って②

団交拒否で打つ手なくなり、偽装請負を問題に

村田　I社長と団交だけで済んでた話が、偽装請負問題になったのはなぜですか。

有田　団交拒否されて打つ手がなくなったんですよ。どうかしなあかんな、東リは、うち、労使関係ないから関係ない、みたいな態度に出られたから、もう東リをたたいてもいいかな、と。

中西　I社長の件は片付いたけど、その先の直接雇用の話になると東リと争うことになるとみなで話し合った。

久間田　ああそやな。それでみんな躊躇した。

有田　Iがおれへんなったからもうええわってなった。

村田　だから承諾通知に誰の名前出すかの話のときに、組合員全員の意見がまとまらなかったので、とりあえず4人で出したのですね。

藤井　2017年3月に井手窪さん（なかまユニオン委員長）に相談すると、「もう分断したらええから」と。

有田　承諾通知5人だったけどそれぞれ理由が違うんですよ。藤井君の場合は権利意識から。同じ仕事してたら、同じ給料もらって当然やろっていう普通の労働者としての考え方から。

藤井　つねづね給与明細を見るたびに、くそこれ何やねんと思ってたから。

有田　僕は言い出しっぺだったし、書きませんとは言えません。

中西　僕は使える権利は使っとけみたいな感じですね。その権利を使うことで東リに直接雇用されたらもうけものみたいな。実際は「中西君も出すやろ！」って藤井さんに勝手に決められてたんですけどね。

久間田　僕も中西君と一緒で、使える権利は使った方がいいかな、ただそれだけです。

村田　それで、直接雇用を目指して承諾通知を出そうというときに手を挙げたのは4人。藤澤さんは後から組合の委員長やからと書くことにしたけど、最初、様子見ようとしたのは？

藤澤　ちょっと考えたんですよね。家族の、嫁さんの反

右から田中、村田弁護士、大西弁護士

対もあったんですよね。「もうどこまでそんなことをするつもりなん？　これでもしほんまに職を失ったら、生活どないすんの？」ていう。藤井君とか有田君の説得じゃないけど、一応委員長なんでみなを引っ張っていかなあかんと。

有田　そういうふうに藤澤さんを説得したのと違うやろ。藤澤さんが切られるから、やばいから、絶対出しとかないかんと。で、出すわってなったけど、弁護士に出す委任状が1週間遅れてたんで、要は間に合わなかったんですよ。

藤井　ああ、そうそう。

村田　で採用拒否された。

有田　だから結局のところ、やらなくても切られてたんですよね。

村田　他の人はこの先の生活が不安だとか怖いとかはなかった？

中西　僕は怖いとかなかったですね。法律で認められてる権利を使ってるだけやし。

久間田　僕は全然そんな思へんかった。とりあえず権利使えるんやったら使おうと。

久間田（左）、藤井

村田　藤澤さんは、「あなた刺されるんじゃないか」と心配されたんですよね。

藤澤　嫁さんにね。

大西弁護士　久間田さんはどうでしたか。

久間田　いや、うち何も言わへんからね。ちゃんとお金さえ渡したったら何も言わへん。

藤井　Sちゃん、頼もしいんで。藤澤さんの奥さんと真逆なんで。

藤澤　うちの奥さんは心配性なんで。やっぱり今、社員になって雇用されてますけど、いきなり3交代勤務でしょう。もう年齢が年齢やから、「体壊すんちゃう？　その歳になって夜勤とかして」とめっちゃ心配してます。

1審敗訴、ショックというより怒り

村田　1審判決で負けたとき、みなあまり裁判をやめようと思わなかったそうですね。

藤澤　僕も久間田君もそうですが、偽装請負について知識がない状態で、組合を立ち上げてから少しずついろんな法的なものを学び、ああそうか、こういう状態が偽装請負に該当するんだとわかったんですね。自分らが働いてきた職場の経過を考えると、誰がどう見ても偽装請負だと。それが1審の判決で覆されて全面棄却となったときに、嘘やと思いましたね。素人が考えても偽装請負なのに、なんで裁判官は否定するんや、おかしいと思いました。その神戸地裁の裁判長は、元は企業の顧問弁護士やったから企業側に肩持ったような判決下しよった、これは納得できへんと思いました。

村田　裁判やってる中で、これは間違いなくおかしいと確信を持ったから、負けても裁判長が悪いんやと思ったと。それで失望よりむしろ怒りが湧いたという。

田中　みんなそんな感じ。

藤井　判決があまりに真逆やったんで。負けてショックだとか、やっぱりあかんかったんや、ていうのはなかった。あれだけの証拠を有ちゃんも仕事中に集めてくれてもう状況証拠が完璧に揃ったのに、何で180度ひっくり返ったのかなと思いました。だから2審でひっくり返る可能性もあると思いましたね。負けて生活云々というのはなかったんで。当然苦しかったですけど。

村田　裁判所がおかしいとみんな思ってた。

藤井　それはありましたね。

中西　1審の判決を学のない僕らが読んでも納得できる内容じゃなかったし、証人尋問も含めて全部やり切ったって感じでもなかったし。

大西　高裁に行っても、同じように判断されるんじゃないかと不安はありませんでしたか。

藤井　高裁の1回目のときは不安はあったんですけど、回を重ねていくごとになくなってはいきましたね。

村田　普通は、もういい加減ちょっと金取ってやめてもええなと思ったりしますよね。裁判負けたら金銭解決でもいいから何とか一矢報いたいみたいな話になることも多いんだけど、そうならなかった。

有田　東リから金銭解決しようって話がなかったじゃないですか。

村田　いや、高裁の一番最後に出てきて。たいした額やなかったけど。

有田　あそこまでやって、そんなお金もらいますという話にならんでしょう。

中西　1審の後、金銭解決のことをちょっと話した覚えあるけど、全員、「最低1億はないとな」と謎に強気だった。

有田　勝つこともあるし負けることもあるかと。

藤井　まだ2回残ってるんで。

村田　まだ2回あるというのは、弁護士が言うならわかるけど。

有田　やることやって負けたらそうそれはしょうがないかなと。

中西　生活は貧しいなりにできてたけど、藤井さんや藤澤さんとは「最高裁まで負けたら、俺ら裁判費用よう払わんで」みたいな話はしましたよ。お金の心配はしてたけど、裁判をやめるとは思わなかった。

久間田　僕もやるんやったらとことんやりたいなと思う。行くとこまでいきたいなと。

藤澤　控訴したとき最初はこれで1審と同じ判決が出たらという不安はあったんですけど、1審で証人尋問したのに高裁でまた証人尋問するなんて異例中の異例で、この事件に関して本当に精査したいっていう高裁の意志の表れかと弁護団から聞くと、勝てるかなという思いが少しずつなってはいきましたね。

村田　そうそうそれはその通りなんやけどな。なかなかでも普通の人は自分の事件をそういうふうに見えへんからね。

証拠を積み上げ、どんな言い訳するかと追い詰める

有田　なんかね、証人尋問で証拠を積み上げるときに、要は中途半端じゃなくてね、例えばこの証人に対してこんだけ二つ証拠があるよと重ねるような感じで言って、それで言い訳できるんならしてみい、そのぐらいのことはやっておかないとなと思いました。

中西　そうですね。こっちの出した証拠にどんな言い訳するのか、元L社の人間やTには聞きたかった。

村田　Tの尋問、最後まで向こうは抵抗した。裁判所が東リに「やらないんですか。Tさんを申請しないんですか」と迫ったのに、しなかった。

有田　弁護士にぶら下がってるだけでいいっていう話じゃないんやで。

村田　1審のときの雰囲気は、今までにないぐらいに、逆に結束固めたとも言えるのかしら。

有田　別にあまり変わらなかったと思います。

村田　動揺しないところがこの事件の一番の特徴だったかな。あんな大負けして。

有田　負けたからって何か揉めたっていうこともないし。

村田　そもそも何で私のところに相談に来たんでしてったけ？

有田　『キヤノンに勝つ』というキヤノン非正規労働組合の本を読んで、パナソニックPDP事件最高裁の判例が載ってるじゃないですか。村田先生の名前は出てなか

ったんですけど。ＮＥＣのセミコンダクターの本もあって読んでたら最高裁の判例と村田先生の名前が出てきて。

村田　ＮＥＣの事件も弁護団には名前を連ねたけど、主に熊本の弁護士がしていた事件ですが。

有田　ネットで検索してくとＮＨＫの…。

藤井　『プロフェッショナル　仕事の流儀』で名前と顔が一致した。自分、ほぼあの番組を毎週見てたので。

田中　村田先生のとこに行ったのはいつ？

藤井　２０１６年の8月のちょうどお盆休みのときです。

村田　事務所で会って、話を聞くと典型的な偽装請負だと思った。

有田　だから最初はＩ社長に嫌がらせされてどうのこうのって話をしてたんですけど、東リで請負で働いてますって言ったら…。

藤井　めっちゃ今でも覚えてますけど、ピッて光ったんで。

有田　東リと闘わへんかと。

藤井　30分の相談のはずが、１時間半ぐらいに。

有田　最初はうんうんと聞いてたんやけど、請負で働いてますって言ったら目の色が変わった。

藤井　そこからもう質問攻撃で。自分は時計を見ながら金額を気にしてたんすけど。相談料を。

有田　３０００円だけおいてってと。

（２０２３年6月3日収録）

5

最高裁で判決が確定し、職場復帰・正社員化

丸6年の闘いで、私たち組合員が目標として掲げていたことは、東リへの職場復帰だが、正社員化については未知数だった。組合員5人はそれぞれ違う思いを持っていたと思うが、運動全体の方向性は直接雇用を目指していた。しかしながら、6年の間にそれぞれの生活に変化があり、実際には職場復帰が上手くいかなかったメンバーもいる。東リの正社員になったものの、たった3ヶ月で親の介護のために仕事を離れざるを得なくなった。せっかく職場復帰したのだからという思いもあるが、現実に即した解決策がなかったのか、そこが悔やまれる。今後の生活を考えると、彼にとっては金銭解決がベストな解決であったと思う。

最高裁で判決が確定した後、運動の全ての流れが職場

職場復帰の出勤日には多くの支援者がかけつけた
(2023年3月27日午前8時、伊丹市の東リ本社前)

復帰の一点だった。個人の事情が考慮される隙間もなく、金銭解決は下の下という雰囲気になっていた。私たち当該5人よりも、弁護団及び支援ユニオンの職場復帰への思いが強かったのではと感じる。そんな中で私たちが金銭解決を口にできない状況だった。もちろん職場復帰を求めていた組合員もいるし、どこかで妥協点は必要だった。

私は当該5人のまとめ役として活動していたが、弁護団やユニオンの意見ばかりに引っ張られてはいけないと考え、それを口にしていたが、意見を集約する前に正社員化が決まってしまった。

私たちが果たした5人揃っての職場復帰及び正社員化は、労働運動界にとって大きな勝利であり、これ以上ない成果として評価されている。私たちは東リに勝利したことは、もちろん嬉しいが、私たちにとって現場で日々働くことと、運動の成果は別物である。この6年間に私たち組合員も年齢を重ね、60歳、50代後半、40代後半になった。会社の配置にも問題はあるが、工場での現場作業は肉体的に厳しい。また中心世代である現役バリバリの若い労働者に溶け込むことも難しいと感じる。職場復帰を考えるとき、それら現実的な問題、そして先述の家庭的な事情も考慮すると、職場復帰が最適な選択だったか疑問に感じる。選択肢としての職場復帰あるいは金銭解決、運動的には職場復帰が最高の勝利と見做されているようだが、どちらが良いというわけではなく、これから運動をやっていく労働者の皆さんには、解決の方法としては、状況を考えて判断して頂きたい。

私たち組合員も、皆統一した考えではなく、正社員としての職場復帰を喜んでいる者もいる。また今はそう思ってなくとも、将来的に良かったと思うこともあるだろう。今は正社員としての復帰がどうのこうのと評価するときではないと思う。

この勝利の総括として全東リなかまユニオンの藤澤執行委員長の言葉を載せておく。

「東リが、偽装請負という違法行為を、長年にわたり行ってきたことに端を発して、一応、解決するまでに6年間という期間を要しましたが、それまでに、数多くの労働組合や市民団体から支援を受けました。支援といっても様々あり、裁判の傍聴、公正判決を求める署名収集、駅前での街頭宣伝活動等や、経済面での支援、数え切れない支援を自分事ではないにもかかわらず受けました。

原告でもあり、労働組合員として長期間の争議活動で、世の中には、私たちの立場や訴えに耳を貸し、理解してくれる人がいてるという、人の心の温かさを知り、支援して頂いた方々と繋がりを持つことができ、人間関係が広がったということも得たことのひとつです。

しかし、労働者（非正規労働者）として、おかしいことはおかしいと声を上げ、また、声を上げ続けて、諦めないという心を持ち続ける大切さを、知ることができたのが、自分にとって得た一番大きいことです。

余談ではありますが、私は司法の場というものは、特に、民事事件（対企業裁判）では、個人が勝訴することは少なく、企業忖度状態にあると思っていましたが、今回の判決を受け、容易いことではないですが、まだ、司法も裁判官によるかもしれませんが、弱者の最後の砦としての希望が持てると感じました」

6 どのように社会に訴えたか

なかまユニオンへの加入

私たちの労働組合は連合兵庫ユニオン傘下で結成されたが、結成してから1年程経つと、自分たちで考えながら動くようになってきた。なぜなら、日々のI社長の組合攻撃に対して、逐一上部団体に相談し、返答を待つのでは時間がかかり、その間もI社長の嫌がらせは続いていた。また選挙活動の時期になると、上部団体に相談しようとしても、忙しいからと打ち合わせを先延ばしにされることもあった。そういう事情から、村田弁護士に相談したり、また、偶然知り合った「なかまユニオン」に、私と藤井の2人が個人加入し（他の3人は東リを追い出された後に加入した）、アドバイスを求めるようになった。しかし、それが後に連合兵庫ユニオンの不興を買い、脱退勧告されるに至った。東リを追い出された後も、しばらくは連合兵庫ユニオンに籍を置いていたが、実質、断絶状態であった。

なかまユニオンに加入した理由は、同組合が過去、社会的に大きな話題となったパナソニックPDP偽装請負事件に取り組んだことがあり、その裁判を村田弁護士が担当していたこともあって、私たちが村田弁護士と偽装請負問題に取り組み始めた時、偶然に知り合えたことが、何らかの縁があるのでないかと感じたからだった。

連合兵庫ユニオンは偽装請負と闘うことについては否定的だった。非正規労働者の問題には、あまり興味はなさそうだった。それが大手の労働組合の実態かもしれない。私たち5人が移籍できなかったS社を評して「良い会社やん」という始末だった。

2017年3月末に東リを追い出された私たち労働組合の5人は、活動の場をなかまユニオンに移し、本格的に職場復帰闘争を開始した。連合兵庫ユニオンでは、団体交渉以外に特に目立った活動はなかったが、なかまユニオンでは労働組合活動のいろはを学ぶこととなった。例えば、社前や街頭での宣伝やビラまき、署名活動、あるいは他労組、市民団体へ支援を求めるオルグなど行った。労働組合活動では当たり前のことだが、それまでは経験がなかった。地元兵庫から大阪・東京・愛知のユニオンまでも支援を求めた。実際にユニオンの事務所を訪ねて支援を求めるのだが、嫌な顔をされたことはほとんどなかった。というのも、私たちが訪れた中小労組や地域のコミュニティユニオンは、請負や派遣など同様の労働問題を闘っているので、深く理解を示してくれた。そうやって何度も事務所を訪ねたり、また、おおさかユニオンネットワークやコミュニティユニオン全国ネットワーク、けんり総行動実行委員会東京総行動、複数組合会議（旧合化労連複数組合会議）や平和と民主主義をめざす全国交歓会（ZENKO）のイベントなどに参加して、争議アピールを重ねることで、次第に東リ偽装請負争議の認知度は向上し、支援の輪も広がっていった。

2019春闘大阪総行動で申入書を提出。東リは不誠実にも一切の回答をしなかった（2019年3月8日）

しかし、東リを追い出されてから1年以上経った頃、失業給付を受けながら、闘争に参加していた組合員も、給付が終わりとなったため、仕事を始めなければならなくなり、闘争に参加することが難しくなった。当初から当該不在の運動にならないために、私一人が闘争に専従することになっていたが、仕事をせずに闘争資金を賄うことはできるはずもなく、支援団体を立ち上げて、支援カンパを集めようという話になった。それが本格的にスタートしたのが、２０１８年10月のことである。

毎年1回開催されるコミュニティユニオン全国ネットワーク交流集会が盛岡であった。そこで関西ネットワークのメンバーが集まって雑談していた時、関西ネットワークで支援できないかという話になった。さらに、コミュニティユニオン以外にも、なかまユニオンが加盟するおおさかユニオンネットワークにも声をかけることになり、運営委員会で支援を要請したところ、快く引き受けてくれた。こうして、２０１８年11月３日「東リの偽装請負を告発し直接雇用を求めるL社労組を勝たせる会」（以下、「勝たせる会」）が結成され、共同代表におおさかユニオンネットワークの垣沼陽輔代表とコミュニティユニオン関西ネットワークの大橋直人共同代表が就任した。

しかし、支援団体ができたと言っても、それで全てが上手く回り始めるわけもなく、結局は私が事務局長となり、他の労働組合やコミュニティユニオンを回りながら支援を呼びかけ、カンパ金を出してくれる会員を募らなければならなかった。考えようによっては、普通に仕事している方が収入は安定し、金銭的な心配をする必要がなかったはずだ。しかし、そうすれば、5人とも自分たちの争議を他人任せにして参加しなくなり、支援を広げることはできなかったであろう。

闘争資金をかき集めるために、いろいろな集会に参加し、自ら頭を下げ、支援を呼びかけた。チラシ等を作成し、配布して、争議のあらましを多くの人たちに理解してもらわなければならなかった。非常に難しいことであったけれども、その点、私たちが個人加入していたなかまユニオンは、争議支援の基盤がしっかりしていた。

なかまユニオンは、ZENKOの構成団体であり、そこに参加する大勢の人たちが、積極的に東リ偽装請負争議を支援してくれた。過去になかまユニオンがパナソニックPDP偽装請負事件を闘った時、ZENKOに参加する人たちが、結果的に最高裁で敗れはしたものの、争議を支援していた。そういう経験もあり、東リ偽装請負事件においても、同じ偽装請負事件ということで関心を持ち、リベンジを果たそうとする思いもあったと思うが、物心両面の支援を惜しまなかった。

東リ株主総会に出席し偽装請負について質問。組合員と支援者で東リ株を購入（2021年6月23日）

「勝たせる会」の活動

「勝たせる会」を運営していく上で、重要な要素は、会報を定期的に発行していくことである。ただカンパを出して支援してくれと言っても、大変な争議だからと1回はカンパしてくれても、2度目は難しくなるだろう。しかし、現状報告やニュースを送り続けることで、支援者が争議を深く理解でき、共に闘っているという感覚も生まれてくるのではないかと考える。そのお陰で、2年目から会員更新の際、比較的容易にカンパ金を出してくれる人が増えていった。また裁判期日には、法廷に入りきれない程の多くの傍聴人が集まるようにもなった。

「勝たせる会」の主たる活動は、街頭や社前での宣伝である。定期的に東リ本社伊丹工場に近いＪＲ伊丹駅と阪急伊丹駅での街宣、ビラまきや署名活動を行い、新年の仕事始めや入社式、株主総会、裁判と労働委員会の期日の前後には、社前での宣伝も欠かさず行ってきた。また裁判所前の公正判決を求めるビラまきや、裁判所への公正判決署名の提出も行った。

その他、東リは東京にも拠点があるので、けんり総行動実行委員会東京総行動にエントリーして、東リ東京ビル前で抗議行動及び会社に争議解決の申し入れを行った。２０１９年11月3日には日本インテリアファブリックス協会（ＮＩＦ）が主催するインテリア国際見本市の会場である東京ビッグサイト前で、東リの偽装請負を訴えた。その理由は東リが見本市に参加し、商品を展示していることもあるが、一番の理由は東リの永嶋元博社長が同協会の会長を務めているからだ。業界団体の

偽装請負の違法行為に頬かむりして100周年行事を祝う
東リに抗議（帝国ホテル大阪前、2019年12月7日）

顔である会長の会社が、違法行為を行っていることを世間に知らしめたかった。

「勝たせる会」として、一番大きな抗議活動は、2019年12月7日帝国ホテル大阪で開催された東リ（株）創業100周年の祝賀会に合わせ、同ホテル前で行ったものだ。おおさかユニオンネットワークの加盟労組とコミュニティユニオン関西ネットワークの加盟労組の参加があり、50人以上の大宣伝団となった。式場に現れた東リの社員たちに、マスク付きの300枚ものチラシを手渡し、争議解決を訴えた。当時、新型コロナウイルス感染症が流行する直前のことだったが、マスクを選んだのは、果たして偶然の一致だろうか？

共闘関係

ここで忘れてはならないのが、全港湾名古屋支部日興サービス分会の仲間の存在である。彼らは日本貨物検数協会を相手に偽装請負事件（日検事件という）を闘っていたが、私たちと同時期に「労働契約申込みみなし制度」に基づき、名古屋地裁へ提訴した。その縁もあり、互いに裁判を傍聴するために行き来し、情報を交換しながら、約5年間共闘し続けた。残念ながら、彼らは裁判で救われることはなかった。問題は直接雇用申し入れに対する承諾期間についてであるが、派遣元の日興サービスが元々は派遣契約であったものを密かに請負に変更し、それを更に派遣契約に変更し、その事実をひた隠しにしたまま、承諾期間が過ぎるのを待って、事実を公表するという卑劣極まりないことを行った。それによって労働者の承諾の意思を示す機会が奪われてしまった。結果的にそのような汚い手段を使われたにもかかわらず、裁判所は労働者を救済せず、違法企業を罰することもなかった。一緒に闘ってきた私たちにとって、このことは怒りを覚えるばかりである。

余談ではあるが、複数組合会議を通じて、おおつる求伊丹市議会議員とも知り合うことができた。後に伊丹市に対して東リいたみホール（伊丹市立文化会館）の命名権について申し入れを行うのだが、おおつる市議には伊丹市との橋渡役を担って頂いた。

最高裁で判決が確定してから、私たち5人が就労するまでに9ヶ月かかるのだが、聞くところによると、私たち5人の就労を拒否する東リに対し、命名権の継続のこともあって、伊丹市が状況説明を求めていたようだ。それが大きなプレッシャーになったことは間違いない。

東リ偽装請負争議完全勝利おめでとうございます！

「東リの偽装請負を告発し直接雇用を求めるL社労組を勝たせる会」共同代表　大橋直人

大橋直人（東リ伊丹工場前、2020年3月24日）

東リ偽装請負争議がはじまったのが2017年3月。最高裁判決で、組合員5人全員の東リへの直接雇用が確定したのが、2022年6月7日。そして、5人全員が東リの正社員として復職を果たしたのが2023年3月27日であった。6年に及ぶ争議を闘い抜き、完全勝利を勝ち取ることができたのは、何よりも当該らの強い意志があったからだ。まずは、完全勝利にお祝いを言いたい。

労組のメンバー、とりわけ副委員長であった有田さんは、争議が始まってから、主に大阪に拠点を置いている各労組を積極的に訪問し、支援の要請を行った。その要請に答える形で、おおさかユニオンネットワークとコミュニティユニオン関西ネットワークが支援を決定し、2018年11月3日、「東リの偽装請負を告発し直接雇用を求めるL社労組を勝たせる会」（以下、「勝たせる会」という）が結成されたのである。

東リ偽装請負争議は決して平坦ではなかった。何より、東リから排除された5人の生活が大変であった。それぞれに事情があり、当初は雇用保険の求職者給付で何とか食いつなぎ、それが終了した後は、アルバイト等で糊口をしのぐほかなかった。組合員は物販を行い、「勝たせる会」も会費を原資に一定の支援を行ったが、争議のための行動費の足しにするのが精いっぱいであり、5人の生活を支援する力はなかった。しかも、2020年3月の神戸地裁判決は、原告5人の全面敗訴となった。

先行きが見えない中、本当に不安であったと思うが、労組は持ちこたえ、闘いを継続した。「勝たせる会」の会報を見直してみると、阪急伊丹駅前とJR伊丹駅前での月2回程度の定期街宣、東リ100周年祝賀会をターゲットにした抗議街宣、毎年3月の春闘総行動の一環としての東リ本社への抗議街宣、東京総行動の一環としての東リ東京への抗議街宣、東リ株主総会をターゲットにした抗議街宣と株主総会での異議申立て、署名活動等々、切れ目なく活動を継続している。闘いの先頭に立ったのは労組であり、「勝たせる会」も微力ながら支援をしてきた。

こうした闘いの継続の上に、組合員5人は、2021年7月、大阪高裁において、ついに逆転完全勝利の判決を勝ち取った。これで潮目が変わり、ようやく争議勝利の光明が見えてきたものの、東リは最高裁に上告。最高裁が東リの上告を棄却し、大阪高裁判決が確定したのは2022年6月であった。しかし、判決確定後も東リが5人の復職をあくまで拒否し続けたため、争議は継続。5人が東リの正社員として復職を果たしたのは、冒頭で述べた通り、2023年3月であった。

まさしく、山あり谷ありの争議であり、原告を先頭に、裁判を支えた弁護団、「勝たせる会」に結集して支援を継続した各労組・個人の力の結集によって、幾多の困難を乗り切ることができたのだと思う。

もっとも、争議の勝利は新たな闘いの幕開けでもある。労組は全東リなかまユニオンと改称して、東リでの労働条件改善に向けた取り組みを開始している。「勝たせる会」に結集した各労組・個人は、全東リなかまユニオンの闘いを継続支援するとともに、全国の工場に蔓延している「ライン請負」という名の偽装請負の摘発に取り組んでいこう！

判決確定から職場復帰まで一年近くかかった交渉

なかまユニオン執行委員　田中充郎

最高裁決定（2022年6月7日）を受けて、原告たちは労働組合として、東リに対し現職復帰に向けた団体交渉を申し入れた。2022年8月3日梅田の貸会議室で第1回団体交渉が開催された。原告に加えて弁護団、なかまユニオンが参加したが、会社側は決裁権のある者の出席がなく単なる連絡係に過ぎなかった。この場で、東リ労組との団交には取締役もしくは人事部長が出席し、交渉場所も社内で行われていることが明らかとなった。次回に取締役もしくは人事部長の出席を求めた。この場では、新たな事実として、旧L社の従業員全てが、S社の派遣社員から2020年までに東リのキャリアアップ制度によって正社員になっていたことが明らかになった。

8月31日第2回団体交渉も、東リから決定権を持つ役職者の出席がなく、その場で合意事項が確認できる交渉にはならなかった。前回の団交で組合から要求したことについて、東リの書面による回答で、東リの就業規則の開示以外は全て否定され、それらについて追及したが、進展はなかった。東リは「就業条件についてL社の就業規則によりその内容が定まる。労働契約申込みみなし制度に基づいて雇用契約が成立した者を対象とする就業規則がない」と主張するが、労働組合は「東リの就業規則が適用されるべき」と主張し平行線。

就業場所及び就業時期について、東リは「判決では『巾木工程製造作業』及び『化成品の製造その他付随作業』を仕事内容とする職種を限定した労働契約が成立した。伊丹工場の人員は充足している」と主張したが、組合は「職種は限定されない。伊丹工場の他工程でもよい」と応じるも、連絡係に徹した東リの出席者はただ持ち帰るとしか言わなかった。

10月12日第3回団体交渉に向けては、事前に要求書を提出。その主な内容は、第一に、約5年遡って労働契約が成立しており、それ以降について、東リ就業規則の最低基準効に基づき、正社員と同様に当組合員5人も基本給やベースアップ並びに昇給等、みなし制度で成立した労働契約を上回る労働条件での賃金支払いを行え、一時金についても過去に遡って支払え、というもの。第二に、労働組合事務所および掲示板の設置を要求し、社内組合との差別をするなというもの。なかなか就労が実現しない中、事務所や掲示板を確保し社内に公然と立ち入る権利を勝ち取ることが重要との判断だった。この団交でもなにか決定されることはなかった。

11月8日、兵庫労働局需給調整事業課のT課長とM主任指導者が北大阪総合法律事務所に来訪。既に申告済みの労働者派遣法40条の8（厚生労働大臣は、偽装請負をした会社が派遣労働者を就労させない場合には、必要な助言、指導または勧告をすることができるとし、さらに同第3項においては勧告に従わない場合には、その旨を公表できると規定）に基づき、申告者（組合員）5人の就労についての確認のためと、第2回団体交渉の東リの回答書を見て、問題点があったので、10月28日に東リへ聞き取り調査に出向く。労働局の見解は、東リの就労は困難とする理由として人員充足を挙げているが、実際に採用活動を行っているのであれば、主張と矛盾する。また技術的な困難を理由とするのなら、それは労働者の責任ではなく、企業の責任であり、能力開発促進法によりスキルアップを図るべき、との見解であった。こちらからは東リに対する強い指導を求めた。

12月1日第4回東リ団体交渉においては、就労や適用就業規則については溝が埋まることはなかったが、掲示板設置については前進が見られた。組合は文書での回答を要求。その後東リとのやり取りを経て、12月21日午後4時に東リ伊丹工場内を視察することとなった。当日は原告3人、なかまユニオン2人が、総務部の案内で社内組合の掲示板設置場所の視察。食堂入口に壁一面に上下二段に分かれた大きな掲示板があり、上段に会社、健保組合、食堂、労働組合等のスペースが確保されており、下段に会社スローガン、目標、火の用心など、特に必要性、緊急性のないようなポスターが貼られていた。会社のやる気次第で掲示スペース確保は可能だと分かった。更衣室の入り口横に社内組合掲示板が設置されていた。掲示板が設置できる場所は限られているものの、可能であることがわかった。

２０２３年1月5日、年始社前ビラまきを原告・支援組合総勢20人で行った。すでに会社との労働契約が成立しているからか、以前のような東リの妨害はなく、警備など誰も出てこなかった。

1月19日第5回団体交渉において、会社は金銭和解を求めた。中労委でも金銭解決案が会社から出されていたが、団体交渉では初めての話だった。組合は完全に拒否。あくまでも就労を求めた。組合は昨年12月の掲示板設置場所の見学を踏まえ、設置時期の回答を迫る。会社は1月末の文書回答を約束。1月31日、会社から掲示板設置について2月末に設置する旨の文書回答があった。

2月7日、就労を求める東リ社前ビラまきを全東リなかまユニオンとなかまユニオンで行った。同日夕刻、ビラを受け取った社員から内部通報があり、会社は人員充足を理由に5人の就労を拒否してきたが、実際は欠員があって、現場の仕事が大変な状況にあるということがわかった。また真偽は定かではなかったが、3月には5人を職場に戻すということを会社が現場で言っているということだった。

2月24日、第6回団体交渉において、ついに東リは、3月27日からの5人の就労を表明。藤澤委員長を除く4人はその日から東リの就業規則適用（正社員）。藤澤委員長は3月27日からエルダー社員規程の適用。正社員就労については文句なく勝利であるが、問題は残る。東リは過去6年分についいては、L社の労働条件が適用されると主張。組合としては東リの就業規則適用は判決で労働契約が定められた日付に遡るべき。藤澤は既に定年扱い。故に一時金、給与差額、藤澤の退職金の請求が必要。

3月27日、ついに5人の原告が全員東リ伊丹工場への復帰を果たした。社前で送り出し集会を30

名の支援者の結集で行った。初日は座学で就業規則、賃金規程、福利厚生等の説明を受け、28日より現場研修、3週間で4工程を回る。4月14日に配属先の発表。現場では重量物の取り扱いが多く、年齢的な配慮が欠けている。

団体交渉で東リは人員充足・技術的な進歩で就労が困難との話だったが、全て嘘であることが判明。全ての工程において3～4名の欠員があり、若手の入社も減っていた。今年は現場1名の入社のみ。若手が定着しない。現場の設備は進歩が見られず、老朽化した設備ばかり。重量物（ドラム缶）を人力で扱う、前近代的なやり方。工場内は不潔極まりない。5Sを掲げてはいるが意識の低さが感じられる。若手が定着しないのは当然。

期日を追って就労までの経緯を記した。勝利の要因は、第一に、連絡係との団交とはいえ、粘り強く交渉を積み重ね、強い職場復帰の意思を原告たちが持ち続けたこと。就労が決まる前に社内に掲示板を設置させたこと。人員不足の中、社内の多くの労働者は彼らが戻ることを願っていたこと。第二に、弁護団長の村田浩治弁護士の提案で、派遣法40条の8の規定の発動を求めて兵庫労働局に働きかけたこと。その結果、東リは、兵庫労働局からの文書による指導・勧告で、このまま職場復帰を認めないと企業名が公表されることを恐れ、原告5人の職場復帰を受け入れたと考えられる。

第2部　法律闘争の取り組みとその成果

東リ偽装請負争議弁護団　弁護士　村田浩治
弁護士　大西克彦

東リ伊丹工場事件から組合員らが追い出された闘いとなったが、それ以前から、派遣法を武器にした闘いは開始されていた。伊丹工場から排除されたため、労働組合が使える手段を駆使した労働委員会闘争を始めとして、兵庫労働局への申告、裁判闘争は労働組合の闘いの大切な武器とならざるをえなくなった。そして、それぞれ3つの闘いで、重要な成果を勝ちとった。

・兵庫労働局に対する偽装請負認定とみなし規定による是正指導を求める闘い
・兵庫県労働委員会に対する不当労働行為救済を求める闘い
・東リとの労働契約関係の確認を求める闘い（裁判）

である。

兵庫労働局に対する偽装請負認定とみなし規定による是正指導を求める闘い

1 2012年派遣法改正で制定された派遣法40条の8の意義

2012年派遣法改正で加えられた派遣法40条の6は、派遣先事業者が違法な派遣で受け入れをしていた労働者に対して「雇用契約の申し込みをしたものとみなす制度」だ。この「申込みみなし制度」は、その実効性をはかるために、別に40条の8という規定も加えていた。その2項は、「派遣労働者が当該申し込みを承諾した場合」でも、派遣先が当該派遣労働者を就労させない場合、厚生労働大臣が派遣先に対して「当該派遣労働者の就労に関し必要な助言、指導又は勧告をできる」と規定し、同条3項には勧告を受けた派遣先事業者が「これに従わなかったときは、その旨を公表できる」と規定している。

この規定は派遣先の事業者が「就労させない場合」と規定しており、地位確認を認めても実際に

「就労させない場合」に助言、指導、勧告ができて、さらに企業名を公表するとした規定である。

40条の8という規定が設けられたのは、違法派遣で労働者を受け入れていた企業が、その実態に即して雇用責任を果たすよう行政が積極的に助言や指導を行って、裁判を経るまでもなく、派遣先事業者が労働者の就労させるようにするためである。

但し、東リ事件において、行政はどちらかというと積極的に助言も指導もしなかったため、裁判所の判断が先に出されたという点では、本来40条の8が定める迅速さはなかった。

しかし、裁判所の判決が確定したにもかかわらず、東リが就労を具体化しない場面では、東リに対して具体的就労を迫る闘いの大きな武器となった。

派遣法40条の8に基づく勧告は、東リ事件において初めて企業名公表の前提となる勧告が出される直前まで東リを追い込んだ。しかし、そこにいたる過程は容易ではなかった。労働行政の姿勢は大きく後退していた。そのためその行政とも闘わなければならない苦難に満ちた道のりとなった。

2 「偽装請負」を認定しない兵庫労働局

東リに対して、派遣法40条の6、第1項5号に基づいて2017年3月21日に承諾通知が東リに到達した藤井、久間田、有田、中西の4名は、それに先だつ3月16日に、東リの伊丹工場巾木工程と化成品工程が偽装請負状態であるとの認定を求め**労働者派遣法26条**（労働者派遣契約に際して派遣元と派遣先が締結しなければならない契約内容を規定した条文。偽装請負の場合これらを定めていないのでこの規定違反となる）違反による是正指導を兵庫労働局に求めた。

「偽装請負」とは要するに労働者派遣契約によらないで実際には労働者派遣の実態があるか否かの判断であり、端的に労働者派遣契約を締結しないで労働者派遣の実態があることが認定されればいいのである。

そこで、まず兵庫労働局に対して労働者派遣法26条違反であることの判断を求めることにしたのである。兵庫労働局は２０１７年3月16日付けで労働者派遣法26条違反の申告として受領し、すぐに調査を開始し、承諾通知が到達した翌日の3月22日に、伊丹工場にも立ち入り調査を実施した。

偽装請負といえるか否かは、客観的にみて、労働者派遣の実態にあるか否かだけであり、派遣法40条の6第1項5号のような「法の適用を免れる目的」の有無も不要であるから、2月に派遣契約に切り換えられた後も就労実態が全く変わらなかった本件では、偽装請負（違法派遣）がたやすく認定されると弁護団は考えていた。化成品工程も4月から派遣契約に切り替えることになっていたのだから、東リ伊丹工場の巾木工程と化成品工程の就労実態は、長年にわたって労働者派遣であったことが当然認定されるはずだと考えていた。

申告直後の２０１７年4月、兵庫労働局は人事異動のため、ＩＺ主任需給調整指導官からＩＷ主任需給調整指導官に交代した。

そこで、4月13日、当事者らは改めて実情を聴き取り調査を求めてＩＷに面会を求めた。ＩＷは「偽装請負と決定づけるような物証に乏しい。直接指示があったことを客観的に証明できるような物があればありがたい」等と述べるばかりで、4名もいる当事者からの聴き取りをしても、指揮命令関係を示す直接証拠が必要、という姿勢であった。さらに「仮に調査の結果、偽装請負だったと認定できたとしても、労働契約申込みみなし制度を適用するには、違法状態当時に派遣先等が違法であったことを認識していたことに加え、それが脱法目的だったということを裏受けなければならないため、非常にハードルが高い」と述べ、「最終目的に近づけるのなら、そのような方向性で東リと話をもつ方法もある」等、すでに伊丹工場から追い出されているという実情にもかかわらず、東リとの話し合いによる解決を示唆する等という労働行政にあるまじき姿勢であった。結局、兵庫労働局は、一年が経過しても、派遣法26条違反の有無について判断を示さなかった。

２０１８年3月5日、未だ、違法派遣の認定をしない兵庫労働局に対して、直接指示があったことを示す証拠として、巾木工程も化成品工程も含めて毎日、巡回結果を知らせるメールや、具体的な指示を記したメールなど「証拠保全手続き」で入手した証拠資料を持参して、改めて伊丹工場の巾木工程での就労が偽装請負（違法派遣）だと認定するよう求めた。労働局は盛んに、指揮命令をしていたことを示す直接の証拠にこだわっていたが、そもそも東リの工場の中に組み込まれて、他の工員と何ら変わりなく仕事をしている実情や、Ｌ社が独自に指揮命令を一切していないことや、また機械も月額わずか2万円程度しか支払っていない実情を踏まえれば、Ｌ社での業務が請負契約などと判断できる余地はないのである。しかし労働局は、その点の指摘には殆ど、反論することなく、東リの指揮命令を示す証拠を求めるという態度のままであった。

兵庫労働局を訪問した翌日の２０１８年3月6日に、突如、ＩＷから村田弁護士あてに連絡がきた。ＩＷは、「労働局の内規で、労働委員会や、裁判になった事案は指導を中止するという取り扱いになっている」と述べ、本件は指導を停止すると一方的に告げてきた。

3　厚労省の姿勢を正す——国会議員を通じての本省ヒアリング

村田は耳を疑った。裁判所や労働委員会がどのような判断をしようと労働局は従前からの基準に従って判断すれば足りることである。ましてや、私たちが求めているのは派遣法26条違反についての判断である。これは派遣法40条の6や40条の8ができる前から何度も申告をして、行政基準にしたがって派遣か請負かを判断していた手続きに過ぎないのである。また40条の6や40条の8をきっかけに、厚労省が、そのような内部の取り決めをしたのであれば、法律に何らの根拠がないまま法執行をしないことを公然と正当化することになる。そのような扱いが許されていいはずがない。

村田は、この時、日本共産党の小池晃議員事務所を通じて、厚労省本省とヒアリングをして内規の存在を確認することにして同年9月26日に厚労省本省の担当者であるＮ主任指導官と議員会館で面談をした。すると、40条の6ではなく、26条についての判断を求めることは、あっさりと「偽装請負が継続していない場合でも、調査できない。助言指導はしないという扱いはない。過去の案件であっても可能である」と回答してきたのである。

停止するのは、「民事的効力を有するものの部分は、訴訟が提起されると指導を差し控えるというのが一般的な取り扱いとなっている」ということであり（つまり派遣法40条の6に関する指導を指している）、派遣法違反の判断は、今後担当者から連絡して、判断できる限り行う、と回答してきたのである。兵庫労働局の扱いは誤りであることを認めたのである。

4 それでも「偽装請負」ではないと判断した兵庫労働局

本省のこうした回答が出るや、兵庫労働局は、村田に連絡をしてきた上で「派遣法40条の8の助言を中止したものであり偽装請負の調査を中止したわけではない」という全く事実に反する釈明をした上で、調査を再開することを伝えてきた。後に個人情報開示手続で入手した資料によると兵庫労働局が中止すると連絡してきた3月6日から、本省の見解を受けて訪問した10月16日までの間、兵庫労働局は何らの調査をしていないことからもこの弁明が事実に反していることは明らかだった。

こうした本省に対するヒアリングをしなければ兵庫労働局は、自らの基準に基づく判断をしようとしなかったのである。こうした姿勢では企業がごまかそうとする偽装請負を摘発することなど不可能であった。

10月16日に訪問した際も兵庫労働局の担当者であるＩＷは、「やはり労働者に直接指示がないような状況で、偽装請負と認定することは難しい」という立場を崩さなかった。結局、東リが直接個々の労働者に指示をしていたという直接の証拠が必要だが、それはないというのである。メールや掲示板に記載した具体的な指示は、請負会社に対する指示であり、指揮命令ではないと言い放ち、「厚労省告示37号は、一つでも当てはまらない場合は、偽装請負となるということだがそのような運用をしていない。**告示37号は弱められている**」などと厚労省本省でさえ認めない説明で偽装請負認定をしないことを正当化した。

結局、兵庫労働局は、２０１９年5月7日になって、ＩＷが就任して3年間で特に集中的な調査をすることなく、また当方が提示した偽装請負といえると判断できる要素をどう否定するのか説明することなく、一方的に派遣法26条の認定を中止し、有田氏に電話でその旨を説明しただけで偽装請負の認定をしないまま調査を打ち切ってしまった。後になって、厚労省本省でヒアリングをした際に、弁護士には何の説明がなかったことが明らかとなった後に、終了してから5ヶ月も経過した２０１９年10月16日に大阪の法律事務所まで説明にやってきたが、「偽装請負」と判断できなかったという結論を述べるだけで、判断内容は一切説明せず、わずか3分で報告を終えたのである。兵庫労働局の判断に悩みらしきものはなく、結論ありきの結論を述べただけである。このような判断が正当ではないことは明らかだったが、その後、2020年3月の神戸地裁も行政の判断に追随した。そして派遣法40条の8を活用するためには、大阪高裁の判決とその確定が必要となった。

5 最高裁確定後の申告の意義

厚生労働大臣の助言

本来、派遣法40条の8は、裁判によらないで行政指導による就労を実現される制度である。しかし、東リ事件は労働局が2019年5月7日に偽装請負に当たらないという判断を示していたため(但し、当事者に説明したのは10月16日)、判決確定を待って今度こそ労働局による指導を求めた。

高裁判決が出た後に、兵庫労働局には再度、違法派遣にあたるはずとの申告をしかけていたが、労働局も判決確定までは対応をしなかった。

そして2022年6月7日の判決確定をまって、ようやく派遣法40条の8に基づく申告を行った。東リとの団交が2022年7月15日と迫っていたため、労働局は、7月12日に代理人の事務所まで訪れて当事者の申告意思確認の上、同日付で40条の8による申告を受理した。そして、団交予

令和４年７月14日

東リ株式会社代表取締役社長　永島元博 殿

兵庫労働局長

労働契約申込みみなし制度に関する対応について

大阪高等裁判所における令和２年（ネ）第793号地位確認等請求控訴事件について、令和３年11月４日に判決が言い渡された後、貴社からの上告を令和４年６月７日に最高裁判所が上告棄却及び上告受理申立不受理の決定をしたことにより、同日付で大阪高等裁判所の判決内容が確定し、労働者派遣事業の適正な運営の確保及び派遣労働者の保護等に関する法律（昭和60年法律第88号）第40条の６に規定する労働契約申込みみなし制度の適用が示されたところである。

貴社におかれては、この司法判断を踏まえ、誠実かつ適切に対応いただきたいことについて、同法第40条の８第２項に基づき助言するものである。

定日の１日前の７月14日、東リ株式会社に対して派遣法40条の８第２項に基づく「助言」を行った（上記）。

東リに対する労働大臣の指導

労働局の助言を受けても東リは相変わらず対応を変えなかった。東リが、賃金だけを払い続けながら工場への復帰を拒んだ。大阪高裁で確定した判決では就労場所も限定しているとして、巾木工程と化成品工程には、すでに派遣社員も含めて人員が充足していることを理由に就労を拒んだ。組合は、そもそも組合員らを工場に立ち入らせない理由がないこと、人員が足りていても交代や研修をかねて就労させることが可能であり組合員だけ自宅待機に理由はないと迫った。それでも東リはかたくなに工場に入ることすら拒否した。

２０２２年10月27日の期日に中労委から東リに対して、「具体的な日時を明示した原職復帰の和解案を（そのような和解案を出すのが無理であればそれに代わる和解案を）11月14日までに提出せよ」と勧告したにもかかわらず、最終の和解期日でも金銭解決を求めてきた。当事者らは、中労委からの勧告があっても頑なな東リの姿勢を変えるため、派遣法40条の8、第3項の企業名公表を求めていくことにした。

11月28日に、当事者らは、厚労省の記者クラブで会見を開き、最高裁決定で確定して半年が経過しても職場復帰が実現していない実情や、労働局による企業名公表を求めていくことを報道に訴えた。すると東京新聞がこれを取り上げ２０２２年12月に記事が掲載された。

２０２３年2月21日、共産党の小池晃議員や社民党の福島みずほ議員を通じて、厚生労働省とヒアリングを行い、厚労省本省に派遣法40条の8による「就労の実現」を迫った。記者会見や本省に向けた取り組みは派遣法40条の8の指導に向けての動きを作り出した。

個人情報開示した記録によれば、兵庫労働局は、7月15日から11月9日にかけて東リと5回にわたって面談を繰り返していた。しかし東リの態度は変わらず、労働局としても指導に進む判断をしつつあった。しかし、本省からの回答がないままであった。

２０２２年12月の新聞報道後、厚労省ヒアリングが設定された直後の２０２３年1月20日から、兵庫労働局は、東リに対して「指導」「勧告」「企業名公表」を示唆し始めていた。そして兵庫労働局は、新聞報道にならないよう申告した当事者らには明らかにしないまま、２０２３年1月31日、口頭による指導を行った。恐らく指導に従わない場合には、勧告ならびに企業名公表の制裁的扱いも示唆されていたはずである。

東リは、2月24日、団体交渉の席上で組合員らを3月27日から正社員として扱い就労をさせると回答をしてきた。組合員らは、ついに職場復帰を果たした。

6 今後の課題

労働局は、従前の見解を高裁判決が確定したことで改めた。改めて証拠を確認したうえで判断をしたと述べたが、前の判断を変更した理由は明らかにはされなかった。判決確定後の40条の8による指導は本来の制度趣旨からすれば遅すぎる。しかし「就労実現」という場面では企業名公表の制裁は相当の効果があったことが分かる。今後は、裁判をしないでこの制度が活用できるよう実績を重ねる必要がある。

兵庫県労働委員会に対する不当労働行為救済を求める闘い

1　救済命令申立

２０１７年6月1日、労働組合は、兵庫県労働委員会に対し、①東リとの団体交渉、②S社に対し雇用のうえ、伊丹工場にて業務に従事させること、③S社との団体交渉、④各謝罪文の掲示（ポストノーティス）を求める不当労働行為救済申立を行った。

労働委員会での争点は、次のとおりである。

東リとの関係

東リとの団体交渉を求めたことに対し、東リは、労組法上の使用者には当たらないという主張であったため、争点は、東リが労組法7条に定める使用者にあたるか否かであった。

申立人の主張は、東リは偽装請負を行っており、派遣法40条の6に基づく申込みみなし制度による直接雇用の承諾を東リに通知していることから、申立人組合員らと東リとの間には雇用契約が成立し、東リは組合員らの雇用主であり、それゆえ労組法上の使用者にあたる、というものである。また仮に東リが中立人らの雇用主ではないとしても、東リの従業員が長期にわたり中立人らに対し、直接・間接に指揮命令を行っていたこと、L社が撤退するにあたっては、S社への移籍及びその労働条件について雇用主と同視できる程度に現実的かつ具体的に支配・決定することができる地位に東リはあったとして、使用者にあたるかというものである。

S社との関係

S社は、L社従業員全員の雇用を承継するとして東リと話を進めていたが、2017年3月25日、申立人組合員ら5名のみを不採用とし、非組合員14名は全員採用とした。このことは、労働組合員であることを理由に申立人らに不利益な扱いをした不当労働行為にあたることから、東リとの雇用契約が締結されるまでの間、申立人らを採用し、他の者と同様に東リ伊丹工場にて働かせなければならないと主張した。これに対し、S社は、不利益取扱いはないと主張した。

また、労働組合は、S社が団体交渉に応じなかったので、団体交渉に応じることを求める救済命令を追加した。

2 審理の様子

東リとの関係

東リは、使用者ではないことから団交に応じる義務はないと主張した。また偽装請負の事実も否定した。

特筆すべきことは、審問手続の中でのN工場長の発言であった。L社の従業員をすべてS社へ引き継ぐことに関する事項について、S社にL社の従業員全員の引き継ぎを依頼していないのかの質問に対し、N工場長は責任を回避するためか「関与していない」との回答に終始していた。「東リの立場から考えたら全員の引き継ぎを求めるはずだからS社に働きかけたのではないか」と問うと、ついにN工場長は「気にしなかった。私は冷たいんです」と発言した。これは東リの責任をすべて自分で引き受ける決意の表れのようであった。

S社との関係

S社の組合員らに対する尋問は、雇用主は東リとS社のいずれを考えているかというものがあった。組合員らが申込みみなし制度に基づいて東リとの間に雇用関係を要求していることから、組合員らに東リであると言わせて、組合員らのS社との雇用関係の要求は意思に基づいていないと言わせたいようであった。しかし、東リとの雇用契約が確定するまではS社との雇用関係を認められるべきであるというのが組合員らの意思であり、法律的には東リとS社の両方とも雇用主であると考えていると言ってもおかしくないはずである。

またS社のW所長は組合員らを採用しなかった理由について、面接については、自分と一緒に仕事ができると感じられるかを採用基準とするだけで、それ以上の具体的な基準や客観性のある基準については、それを開示しないことが「生命線」であるとか「なりわい」であるなどとする抽象的かつ曖昧な理由で拒否する姿勢を貫いた。公益委員の一人から、この点を明らかにしないと不利益な判断をされる可能性があることを指摘されても、その姿勢は変わらなかった。後の労働委員会の判断で述べるが、このことが労働委員会の判断に大きく影響を及ぼすことになった。

3 労働委員会の判断

兵庫県労働委員会は、救済申立に対して2019年5月10日、S社の不当労働行為を認定し、救済を命じる命令を交付した。

以下では、労働委員会の判断を抜粋する。

争点1　東リは「使用者」か

①　東リでの申立人らの就労状況について

Ｌ社は、独立した体制で請負業務を実施しており、東リは発注者として必要な指示をする以上に、Ｌ社の従業員である組合員の労働条件に対して、Ｌ社と同視しうる程度に現実的かつ具体的な支配力をもっていたという事実は認められない。

②　東リがＳ社への移籍及び労働条件について働きかけたこと

Ｓ社がＬ社の従業員を採用するに際して、説明、面接、合否通知等すべてＳ社が手続を行っており、その一部でも東リが行ったとは認められないことから、東リがＳ社に代わって採否を決定していたとまでは認められない。

③　派遣法40条の6

申立人らと東リとの間で、この点を争点とする民事訴訟が神戸地方裁判所に係属していることからすると、この点に関しては、当委員会の示す判断が終局解決にならないことは明らかであるため、神戸地方裁判所あるいはその上訴審における判断により、解決が図られるべきと考える。……当委員会は、組合の上記主張についての判断は示さないこととする。

争点2　S社は使用者にあたるか

労働委員会は、「不当労働行為救済制度の目的に照らすと、労働組合法7条の使用者は、労働契約上の雇用主以外の者であっても、近い将来において労働契約が成立する可能性が現実的かつ具体的に存在する場合もまた、これに該当するものと解するのが相当である」と判断した。

① L社の全従業員19人に対して採用説明等を実施したほか、藤澤らを不採用と決定するまで、東リに派遣するための新たな派遣労働者の募集を行っていないこと

② S社は通常、派遣労働者の給与を時間給制として、S社が定めた金額を明示しているところ、L社の従業員を採用するにあたっては、L社当時の給与に近づけ、かつ月額の固定給に変更する特別の措置を講じたこと、面接時にW所長が久間田に検査入院中の期間について給与を保証する旨伝えたことや中西に今のところ不採用にすることは考えていないと述べたこと等からすると、L社の従業員を一律に採用しようという意思をもっていたことがうかがわれ、組合員らを含むL社の全従業員が採用されるものと考えていたと認められる。

③ 9日及び10日のS社の説明、L社での給与に関する資料の提出、20日及び21日の適性テスト及び面接、当該面接におけるW所長の説明内容といったS社の採用決定過程をみると、20日までは、組合員らを含むL社の全従業員を採用することが方針であった。

争点3　S社の採用拒否は不当労働行為か

①　不利益取扱い

S社は、労組法7条第1号本文には、雇入れにおける差別的取扱いが不利益取扱いの類型に含まれる旨が明示的に規定されておらず、雇入れの段階と雇入れ後の段階とにあえて区別を設けていることから、労組法7条第1号本文にいう不利益取扱いに採用行為は含まれないと主張する。

しかしながら、労働組合の組合員であるが故に採用を拒否するという行為は、当該労働組合の団結権を直接侵害する行為であり、労働者が労働組合を組織し、団結することを擁護すること及び団体交渉すること等を助成することを目的とする労組法が、労働組合の組合員であるが故に採用を拒否するという行為を保護の対象外に置いたとする解釈は妥当でない。

また、S社の主張の根拠となるJR北海道・日本貨物鉄道事件判決（最高裁平成15年2月22日）は、雇入れの拒否は、それが従前の雇用契約関係における不利益取扱いにほかならないとして不当労働行為の成立を肯定することができる場合に当たるなどの特段の事情がある場合には、労組法第7条第1号本文にいう不利益取扱いに当たる可能性を肯定しているところであり、本件のように、L社の従業員が、L社との労働契約関係の下で従事していた業務と同一の業務を、L社からS社への事業の引継ぎによって、S社との労働契約関係の下で行うという労働契約関係の移行過程で採用拒否がなされた事案において、S社がL社の従業員で結成された労働組合の組合員であることの故をもって藤澤らを不採用としたと認められる場合には、上記最高裁判決のいう「特段の事情」がある場合に該当し、労組法第7条第1号の不当労働行為が成立するというべきである。

② 不当労働行為意思

W所長は、本件の審問で、採否の差を分けたのは何かという質問に対して、採用した者と不採用とした者との間において、適性テストの受験態度ないし点数に差があった者もいたが、個別の者については証言しないと供述するにとどまり、どのような基準で適性を評価したのかについては明確にしなかったし、面接については、自分と一緒に仕事ができると感じられるかを採用基準とするだけで、それ以上の具体的な基準や客観性のある基準については、それを開示しないことが「生命線」であるとか、「なりわい」であるなどとする抽象的かつ曖昧な理由で拒否する姿勢に終始した。

本件では、S社はどのような労働者を、どのような基準で採用するかについては選択の自由があり、具体的な採用基準を開示することは必ずしも必要ではない。

しかし、本件では、少なくとも2017年3月20日時点では、L社の全従業員を原則として採用するつもりであったことがうかがわれる。

また、S社と東リとの間でL社の全従業員を採用することを前提にして、細部にわたる連絡や要望があったことが認められる上、有田らが申込みみなし制度の承諾書を送付したことや、東リに兵庫労働局の立入調査があったことなど、S社にとって重要と考えられる採用候補の従業員に関する情報も、当然東リからS社に伝えられていたと推認することができる。

このような状況下で、非組合員や上記承諾書の到達以降相次いで組合から脱退した者を除く組合員のみが採用拒否されたことについて、客観的な採用基準を頑強に開示しようとしなかったW所長の態度からすると、S社に、藤澤らが組合の組合員であることを理由として採用を拒否したという真の理由を隠ぺいする姿勢があったと見られても仕方がないというところがある。

救済方法

労働委員会は、上記のとおり、東リとの関係については、東リの使用者性を認めなかった。他方、S社との関係では、組合員らの採用拒否についての不当労働行為を認めた。

そして、もともと組合が求めた申立事項をそのままの形で認めるのではなく、救済の実効性から以下のとおり判断した。

「S社が組合員らを採用しなかった行為が不当労働行為と認められることからすると、平成29年4月1日付けで組合員らを雇用し、同日に伊丹工場の巾木工程及び化成品工程に派遣した者と同様の契約更新をするという救済を行うのが適切である」

4 労働委員会の決定のポイント

派遣法40条の6の判断を避けたこと（東リとの関係）

兵庫県労働委員会は、派遣法40条の6を争点とする民事訴訟が神戸地方裁判所に係属していることを理由に、兵庫県労働委員会が仮にこの点について判断を示しても終局解決にならないとして、この判断を避けた。しかしこれは全く理由にならない。労働委員会の判断はすべて裁判所にて争われることであるから、このような委員会の判断には全く合理性はなく、責任放棄と言われても仕方のないものである。

W所長の証言での不当労働行為意思認定（S社との関係）

S社は、採用の自由から組合員らの不採用は不当労働行為にあたることはないと考え、採用拒否の理由を具体的に述べなかったようである。本件ではこのことがあだとなり、不当労働行為意思を認定する理由にも使われることになった。

採用行為に労組法7条第1号本文の不利益取扱いを認定（S社との関係）

採用行為においては、採用の自由があること、労組法7条第1号本文の文言から、労組法7条第1号本文にいう不利益取扱いに採用行為は含まれないとするのが、JR北海道・日本貨物鉄道事件判決である。ただし雇入れの拒否は、それが従前の雇用契約関係における不利益取扱いにほかならないとして不当労働行為の成立を肯定することができる場合に当たるなどの特段の事情がある場合には、労組法第7条第1号本文にいう不利益取扱いに当たる可能性を肯定していた。本件では、L社からS社への事業の引継ぎが予定されていた関係であって、特段の事情にあたると判断したものである。このことは労働委員会が、（新会社と旧会社との間で）雇用承継の明確の合意などがなくても、S社の採用行為が新たな採用行為ではなく、実質的には引継行為であることを正しく認定した結果といえる。

兵庫県労働委員会の命令は、同委員会のウェブサイトに掲載されている（2023年9月現在）。
https://web.pref.hyogo.lg.jp/ri02/documents/29-5-2.pdf
検索エンジンで「兵庫県労働委員会命令集」を検索し、事件番号「平29不5」の欄を参照。

東リとの労働契約関係の確認を求める闘い（裁判）

1 裁判の争点

東リとの労働契約関係の確認を求める裁判は、二つの大きな争点があった。一つは、そもそも、L社従業員の働かされ方が偽装請負にあたるのか、つまり契約上は請負なのに労働者派遣の実態があったのかという点。二つ目は、東リがそのような契約を「派遣法や派遣法で準用している労働基準法や労働安全衛生法の適用を免れる目的」（以下「法の適用を免れる目的」という）を持っていたと判断できるかどうかである。

最初に相談を受けた時、弁護士は「こんなに明白な偽装請負事件はない」と考えた。まさか裁判で「偽装請負」に該当するか否かがこれほど大きな争点になるとは思っていなかった。しかし、1審の神戸地裁が、「労働者派遣」にあたらない、と判断をしたことから、大阪高裁では「偽装請負

＝派遣契約によらない労働者派遣」に該当するか否かという争点と「東リに法の適用を免れる目的があるといえるか」が二大争点となった。

大阪高裁は、偽装請負に該当するか否かに関して、1審の神戸地裁の判断を180度覆し、原判決を取り消して、東リ伊丹工場での働き方をその実態に即して判断し、伊丹工場で長年継続してきた就労形態が「偽装請負」すなわち労働者派遣であると判断した。

そして、そのような客観的事実を踏まえて、東リが客観的に見て偽装請負行為を継続していることが重要な要素であるとして、「法の適用を免れる目的」を認定した。

偽装請負か否かの判断をわけた1審2審を比較しながら、また、その上で「法の適用を免れる目的」については大阪高等裁判所がどのような判断を示したのか、そのポイントはどこかという点を振り返ることにする。

2 偽装請負はどう認定されたか

偽装請負の判断基準

L社の従業員の働かせ方が偽装請負にあたるのかは、「労働者派遣事業と請負により行われる事業との区分に関する基準を定める告示」（労働省告示第37号）（以下、「告示37号」という）の基準を用いて判断された。これは神戸地裁も大阪高裁も基本的には同じである。

この告示37号では、（ア）自己の雇用する労働者の労働力を自ら直接利用するものであるか否か、（イ）請け負った業務を自己の業務として当該契約の相手方から独立して処理するものであるか否かで判断し、（ア）（イ）のいずれの条件をも満たさない場合には偽装請負とするものである。

本件では、（ア）は、L社がその従業員を自ら指示しているのか、逆から言うと東リがL社の従業員に対して指示しているのかということである。また（イ）は、L社が、東リから独立した立場で業務を行っているのか、それとも東リの組織に組み込まれているのかということである。

基準へのあてはめ

本件では、労働者が裁判の前に東リが使用している書類やメールなどをできる限りプリントして確保していたこともあって、事実（東リからL社への連絡文書やメール、東リの工場内で使用する発注書など製造工程に関係する書類など）にはほぼ争いがなく、その文書の意味や実態（制度）をどう評価するかが問題となった。

まず告示37号の主体性（アの点）の観点からみると、主に東リからL社への文書が問題になった。

例えば、各製造工程における不具合や留意事項をまとめた「伝達事項」と題する書面を東リが作成し、これをL社の常勤主任に交付し、また工程の掲示板に貼付されていた。「伝達事項」は、東リのスタッフが作成した巾木工程宛の文書で、例えば２０１５年10月15日付文書では、巾木にスジが入っていたとのクレームがあったとして、10～20分ごとにカス取り作業を行う旨指示する内容であり、また２０１６年8月5日付文書では、コストダウンに取り組んでいるので混入する原材料の検証実験を行う旨が記載されている。この「伝達事項」の文書を東リの指示文書と評価するのか否かで、地裁と高裁では正反対の判断であった。

地裁は、①発注した製品の品質管理の観点から、注文主が請負人の仕事の成果について、様々な観点から確認しているものと評価する、②常勤主任及び主任を通じて、L社の個々の従業員に対して業務上の指示を出していると評価できないとする。つまり、「伝達事項」は、注文者である東リからL社への確認のためのもので製造指示ではないというものであり、またL社は請負なので、東リからL社へはL社の窓口である常勤主任や主任を通じて行っているという判断である。

他方、高裁においては、「東リが常勤主任や主任とやり取りし、その配下のL社の従業員とは直接やりとりしていなかったからといって、東リがL社の従業員に対し指示を行っていなかったことになるわけではない。東リの技術スタッフの作成した伝達事項の内容は、具体的な作業手順の指示であったと認められる」と判断する。

この伝達事項以外にも、東リが巾木工程や化成品工程宛てに作成した文書は以下のものがある。

① 製造課からのメール

東リの製造課から、毎日、東リの工場長、他工程の管理職、L社の主任宛ての巾木工程の製造に関する一斉メールである。

たとえば2017年2月7日付では、「1直：順調に製作。2号機のGリップでR裏側のバリを品管から指摘を受けた為、来週は別のリップを使用予定。2直：順調に製作。3直：順調に製作。」との具体的詳細な作業手順の指示や評価の記載があった。

② 品質管理課からのメール

品質管理課から、毎日、巾木工程や化成品工程を含む東リの伊丹工場にある全工程に対し、各工程の品質に関する事項を記載した内容の一斉メールである。

たとえば、2017年1月30日付「巾木工程　1号機：WTHB30030 4作成時、巻き取り位置にて外観確認。外観特に問題なし。2号機：TH10093　4号機：TH6056作成時、検査モード確認。検査モードは適切であった」との具体的で詳細な作業手順の指示記載があった。

③ 連絡ノート

巾木工程に置かれたノートで、東リのスタッフがL社の常勤主任宛や特定の従業員宛てや、常勤主任がL社の各従業員宛てに、留意事項やそれに対する対応等を記載したものである。

連絡ノートの中には、東リのスタッフが、常勤主任及び主任ではないL社の従業員を直接に指名して、ダイスの分解掃除を命じている。ダイスとは、巾木製作のための金型（リップ）を装着した押し出し器である。この分解掃除は、当時では巾木工程に勤務するL社の従業員しかこれをする技術がなかったため、常にこの者が担当していた。

④ 製造課指図書

製造課が、伊丹工場にある製造の工程（巾木、化成品以外の工程も含む）に対し指図する文書である。

例えば、２０１７年2月23日付指図書では、製造課から巾木工程と品質管理課宛てで、「2月23日製作の下記品種は先行して発泡剤を変更して製作します。現行品との差はなしと物性検証済みです。万が一、品質管理課に何か気になる点があれば至急連絡下さい。よろしくお願いいたします。〈ＡＣ３ＣＫ2使用品番〉品番：ＬＴＨ60 ＃34 ＃16」との記載のものがある。

これらの文書において、地裁は、東リの注文者としての確認文書であるとし、他方高裁は、東リのＬ社の従業員に対する具体的指示である、と判断した。

また、告示37号の独立性（イの点）の観点からは、主に請負代金、製造ラインの賃貸借契約、Ｌ社の従業員の教育などの点で、Ｌ社が東リから独立しているかが問題となった。

例えば、請負代金と原材料費については、東リは前年の実績から原材料費を含めた請負代金を決定していると説明したところ、地裁はそれに疑問を持たずにそのまま認定したのに対し、高裁では製品不良の場合にＬ社に費用負担を求めていない実態に疑問を持ち、原材料費をＬ社が負担しているといえないとして東リの主張を認めなかった。

また巾木工程での製造ラインについて、東リとＬ社との間には月額2万円での賃貸借契約書が締結されていたが、地裁は、数千万円以上すると思われる製造ラインをわずか月額2万円の使用料であったことに何ら疑問を持つことなく、賃貸借契約書のとおり東リから有償で賃借しているから東リからは独立していると判断した。これに対し、高裁は、月額使用料2万円の根拠が不明であり、修理費を東リが負担しているとして、L社が製造ラインを自己の責任や負担で準備、調達したと評価できないとして独立性を否定した。

地裁においては、東リとL社との契約書のとおりと評価して、L社の独立性を認めたが、他方高裁は、契約書にとらわれずその実態を検討して評価して、実態はL社が東リに組み込まれているとの判断をして、L社の独立性を否定した。

このように（ア）（イ）のいずれにおいても、地裁と高裁の判断は全く真逆であった。主だった事項について次の表のとおりである。

大阪地裁判決、大阪高裁判決における判断の比較

事実	地裁	高裁	ポイント
東リからからL社従業員への文書伝達（品質管理メール、巾木メール、伝達事項、連絡ノート、製造課指図書）	伝達事項は、東リが注文主の立場として、製品の性能やその改良、生産速度や検査体制について請負人に意見したり依頼したりしているものである。東リがH常勤主任およびT主任を通じて、L社の個々の従業員に対して業務上の指示をだしていると評価できる内容ではない。	東リが、常勤主任や主任とやり取りし、その配下のL社の従業員とは直接やりとりしていなかったからといって、東リがL社の従業員に対し指示を行っていなかったことになるわけではない。東リの技術スタッフの作成した伝達事項の内容は、具体的な作業手順の指示であったと認められる。	地裁は、請負における注文主の立場を重視し、東リからL社への伝達が請負と同じくL社の窓口（常勤主任や主任）を通じて行われているとするが、他方高裁は東リの他の工程と同じ指示方法にすぎないという実態を重視して東リからL社への指示であると判断した。
ダイスの分解掃除	連絡ノートにおいて、早急にダイスの分解掃除が必要であるとの認識を示し、巾木工程でダイス分解の技術を有するのは藤井しかいなかったことから、藤井に対し、ダイスの分解掃除の対応を打診したものであり、明示的に業務を命じたものとまではいうことはできない。	ダイスの分解掃除については、東リの従業員から、直接、L社の従業員に対する具体的な指示がされていたことは明らかである。	地裁は労働者に直接の依頼でもダイスの分解掃除の打診としたが、高裁は労働者への具体的な作業指示であると判断した。
東リの生産管理部からの製造依頼書の交付とL社による週間製造日程表の作成	東リは、巾木工程及び化成品工程に創造依頼書を交付し、巾木工程の常勤主任及び化成品工程の主任が週間製造日程表を作成することにより受発注を行い、L社の従業員は、製品製造後、製品及び伝票を作成し、東リからの発注に変更があった場合には、その旨の書面が発出され、巾木工程及び化成品工程は、これに従って品種や数量を変更しており、原材料は東リから供給されていたが、その発注はL社からなされ、その在庫管理もL社においてされていたこと	製造依頼者の交付及び週間製造日程の作成は、巾木工程及び化成品工程に固有のものではなく、請負業務ではない伊丹工場の他の工程でも行われていたものであり、平成29年3月に巾木工程が労働者派遣に切り替えられた後も同じ方法が続けられた。	地裁は、L社の常勤主任や主任が発注書を作成している点等を捉えて、L社が生産管理をしているとしたが、高裁は、請負でない他工程においても各工程の責任者が発注書の作成をするなどしておりその作業手順は同じであり、また平成29年3月に巾木工程が労働者派遣に切り替えられたが、その後も請負時と同じ発注手順が取られていることから、東リが管理していると判断した。

事実	地裁	高裁	ポイント
労働者の始業及び就業の時刻、休憩時間、休日、休暇（労働時間の管理）	平成28年頃以降のL社の従業員の勤怠管理はL社が行い、L社の従業員の時間外労働はI社長の判断でなされていたこと、L社の従業員の勤務評定はI社長が行っていたこと	L社が管理支配していないリップ会議にL社の従業員が出席していたこと、平成28年12月1日、プリント巾木工程で大量の不良品が発生し、巾木工程の生産予定を変更する必要が生じた際、I社長や常勤主任がこれに関与していた事実は認められないこと等から、L社は単に労働者の労働時間を形式的に把握していたに過ぎない。	地裁は、勤怠管理はL社が把握しているとしてL社でその従業員を管理しているとしたが、高裁はL社が関与しない東リ主催の会議への出席や急な労働時間の変更があった場合には東リがL社の関与なく生産予定を変更している実態から、実質的には東リが労働時間の管理を行っていると判断した。
事故報告、有給休暇	L社の従業員が事故を惹起した場合には、L社の現場責任者が東リに対して報告するとともに、当該従業員が指導していたこと 東リは、L社の従業員に対し、安全講習への出席を求め、工場内の整備整頓を実施する活動への効力が求められていたが、飽くまで伊丹工場の保安安全に留まり、それを超えてL社の個々の従業員に対する業務遂行の指示をするようなことはうかがえないこと 巾木工程のシフト、その変更や欠員の補充等L社内でなされていたことが認められる。	L社の従業員が事故を起こした場合に、I社長に伝えられたことやこれに基づきL社として従業員に服務規律に関する指示が行われていない。請負であればL社の従業員が有給休暇を取る場合にはおいては仕事の完成を確保するための応援者を手配することはL社の責任で行うべき事項であるが、化成品工程において藤澤が有給休暇を取る場合の応援者の手配は、東リの係長へ連絡することにより行われており、I社長が関与した形跡はない。	地裁は形式上L社が事故や有休の管理をしているとしたが、高裁は実態はL社の関与はなく、東リが行っていると判断した。

事実	地裁	高裁	ポイント
請負代金	請負代金は、巾木工程及び化成品工程ともに定額で、製造した製品の数量や出来高に増減しないものであったが、L社の従業員の労務単価を基礎として算定されたものではなく、製造原価等を考慮して定めらたものであったこと 製品に瑕疵があった場合、L社は瑕疵修補の責任を負い、東リは本件請負契約を解除することができる旨の定めがあるが、東リはL社に対し、これらの法的責任を求めたことはないが、製品に不具合が生じた場合、L社に対して報告等がされていたこと	巾木工程及び化成品工程の請負代金は定額であり、製品に不具合が生じた場合、L社から東リに報告等はなされていたが、L社が東リから請負人としての法的責任の履行を求められた形跡はないから、実態として、L社は請負契約に基づく請負人としての法律上の責任を負っていたとは認められない。	地裁は、請負契約書をそのまま認める判断をしたが、高裁はL社の作業による製品の不具合が生じたとしてもL社が責任を負わない実態から、実質は東リが一方的に決定し製品の代価として決定していないと判断した。
原材料の調達	L社の巾木工程と化成品工程の製品の原材料は、東リが関連会社の分も含めて一括して購入したものから供給されており、L社と東リとの間で、その価格について交渉等はされず、請負代金とは別に別途清算等されてなかったこと（理由なし）	L社は自らは原材料費やその変動リスクを負担しない前提で人件費等を考慮し受注額を提示していることから、L社が請負代金の中から原材料費を負担しているとはいえない。	地裁は、請負契約書をそのまま認める判断をしたが、高裁はL社の作業による製品の不具合が生じたとしてもL社が責任を負わない実態から、実質は東リが原材料の調達をしているとした。
現場事務所や製造ラインの賃貸	L社は、東リから現場事務所を無償で貸与され、巾木工程及び化成品工程の製造ラインを月額使用料2万円として東リから賃借していたからL社が自ら負担していた。	製造ラインの月額2万円の根拠は不明であり、製造機械の貸与についても、修理費の負担については定めがなく、その負担について協議された形式はなく、東リが修理費の一切を負担していたと認められる。L社が、原材料や製造機械を自己の責任や負担で準備し、調達したと評価することはできない。	地裁は、請負契約書をそのまま認める判断をしたが、高裁は賃料の根拠が不明なことや修理費を東リが負担している実態から、実質は東リが管理しているとした。

事実	地裁	高裁	ポイント
教育や指導	L社の従業員は、平成22年頃まで東リの従業員と混在状況で作業し、巾木工程は東リの熟練労働者から指導を受けたことがあったが、L社は、その後、主任を中心に工程内教育・指導を行い、平成29年2月、東リから増産要請があった際、巾木工程では1週間の教育期間で対応できないことを理由に、外部からの派遣従業員による増員を拒むなど、巾木工程及び化成品工程は、従前蓄積されたノウハウ等を有するL社の一部門というべき存在で、自ら社員教育していたことが認められる。	平成29年2月、東リから増産要請があり、I社長が派遣労働者3名を増員することを企図した際に、巾木工程の現場から、1週間の教育機関では対応できないことを理由に反対があり、実現しなかったことからすると、L社には独自に巾木工程や化成品工程で必要な社員教育を行う能力やノウハウがあったとは認められない。 巾木工程で稼働するために必要となる知識や技量は、東リの従業員からのオンザジョブで指導したことにより得られたものであり、L社から教育や研修を受けたことによるものではない。	地裁は、L社の従業員の技能はL社内の教育・指導によるものでL社の専門性を示す事実とするが、高裁は、東リの従業員からのオンザジョブでの指導によるものであると経緯と実態から労働者個人の熟練度にすぎないとしてL社の専門性を否定した。
平成29年3月に巾木工程が形式的にも請負契約から労働者派遣契約に切り替わったこと	巾木工程が平成29年3月に労働者派遣契約に切り替えられた後も、巾木工程の業務実態が著変しなかったことを認めながらも、L社の作業担当者は同一であるから何ら不合理ではない。	労働者派遣契約に切り替えた後も切り替え前と同じ態様で製造を継続できた点を捉えて、元々から労働者派遣の実態であったと判断した。	地裁は、大きな変更がないとしても作業担当者が変わらないからその点は問題にならないとしたが、高裁は変化がないことこそ以前からの実態が労働者派遣（偽装請負）であったことを示すものと判断した。

地裁と高裁で判断を分けた理由

判決から考えると、地裁は契約書などを形式的に判断し、他方高裁は実態と形式のずれを重視して実質的評価を行ったといえる。つまり地裁は東リが偽装請負を免れるために建前として整えた形（契約書や伝達文書など）をそのまま捉え、東リの注文主としての立場を過大に評価した。他方高裁は、東リとL社の関係を形式に捉えるだけでなく、形式と実態のずれを重視し、実態がどうであるかを実質的に判断し、東リのL社への関与は注文者の立場を超えた指示であると判断したのである。

例えば、地裁では、東リからの連絡は、概ねL社の常勤主任や主任へ連絡されて、個々のL社の社員に対して直接連絡がされることはないことから、東リが直接の指示をL社の個々の労働者に直接に指示をしていない、L社の個々の従業員は、常勤主任や主任から指示を受けているという面を捉えて、L社の東リから独立したL社の従業員への指示を認める。

他方、高裁は、仮に東リからの連絡が常勤主任や主任へ連絡されて、個々のL社の社員に対して直接連絡がされることはないとしても、指示系統によるものであり、東リの正社員で構成させる他の工程であって、同じように上長から個々の従業員に指示が行われていることから、このことをもって独立性をことさらに強調することはなく、連絡の内容も実質的には注文者の確認というようなものではなくて個々の従業員に対する作業指示であると判断するのである。

兵庫労働局の判断の判決への影響

事実関係を高裁と同じように認定しながらも、地裁がなぜ形式にこだわり、実質的な判断をしなかったのか。これは地裁が先に偽装請負にあたらないという結論を先に決めたからとしか考えられない。そしてなぜ地裁が偽装請負にあたらないという結論に決めたかというと、おそらく地裁の判決前に兵庫労働局が偽装請負を認定しなかったからだとしか考えられない。

認定された事実からすれば、明らかに東リはL社の個々の従業員に指示しているとしか思われないのであるが、地裁は結論を否定するためにあえて形式的判断を行った。

これに対し、高裁は、兵庫労働局の判断に影響されることなく、実態に沿った判断を行ったのである。このことは弁護団としては当然のことではあると考えるが、地裁の判断を覆すためには、L社の従業員の就業の実態を過去からの変化、一日の業務内容を詳しく陳述書で述べたり、各文書の意味を詳細に説明するなど、裁判所に理解してもらえるように偽装請負の実態の説明を行うことが必要だということであり、そうした立証活動が功を奏したと思われる。

3 「法の適用を免れる目的」はどう認定されたのか

「法の適用を免れる目的」という要件が法律に追加された理由

偽装請負が認定された判断のところでも触れたとおり、大阪高等裁判所の判決は、労働者の働き方が、東リの他の社員の働き方と全く変わらないという点を重視している。

それは、単に形式的に指示をL社の現場責任者にしていたか否かだけではなく、実態として当該就労の目的が、労働者からの労務提供をうけていたと評価できるか否かという点である。この点は、L社の独立性の判断の点でも、L社が契約に基づいて行っていたことがL社としての行為というより労働者としての能力や専門性の発揮に過ぎず、L社という会社組織での専門性などはなく、単に労働者の労務の提供をしていたに過ぎないというところに着目しているといえる。

さらに、高裁判決は、機械の貸与も有償だが、月額2万円という余りにも低額な賃貸料であることについて根拠が示されていないというように、形式ではなく、実質的に会社組織間の契約が製造請負契約の実態にないことを重視した判断であった。

しかし、派遣法40条の6第1項、第5号は適用要件として、偽装請負であるという客観的事実だけではなく、東リが「法の適用を免れる目的」をもって契約をして就労させていたという要件を満たさなければならないとされているため、何をもって「法の適用を免れる目的がある」といえるかが問題となる。

大阪高裁の審理では、「法の適用を免れる目的」についても、立法前の国の諮問機関における議事録や、労働政策審議会での議事録等の証拠を提出した。

派遣法40条の6、第1項5号の立法過程において、偽装請負（違法派遣）という行為があったことに加えて「法の適用を免れる目的」の要件が加えられた。偽装請負の場合は、請負の発注者側が意識せず、派遣となっていたような場合に責任を負わせるのは酷だから、違法行為に加えて「法の適用を免れる目的」という要件を加えたのである。

しかし、この「法の適用を免れる目的」とは、行為をしている事業者が違法性の意識を強く持っているというような場合をいうのではない。客観的にみて違法派遣という事実があっても、大部分は適法と判断できる契約だったのに、行政基準を形式的あてはめた結果だけで酷な場合、例えば、たまたま担当者が勘違いして誤った運用をしていたような場合まで、発注者（派遣先）の事業者全体に責任を問うのが酷だという議論から始まっていた。だから偽装請負以外の違法派遣と区別するために発注者に「法の適用を免れる目的」があることが要件に加えられたに過ぎないのが立法制定時の理由だった。

原告側は立法経緯を踏まえ、違法な労働者派遣という客観的事実を組織的かつ継続的に行っている場合には、当該発注者（違法派遣先）に労働契約申込みみなし規定が適用できるという主張を高裁では展開した。

大阪高等裁判所の審理で主張した「法の適用を免れる目的」の解釈

派遣法40条の6の第1項の第1号から4号は、契約上は労働者派遣契約をしているから、それが違法な場合であるから、派遣の受入先企業が労働者派遣ではないと思うことはあり得ない。しかし、第5号の場合は受入先事業者は派遣契約で労働者を受けいれているわけではない。1号（派遣禁止）、2号（無許可事業者からの派遣）、3号（事業所単位の期間制限違反）、4号（人単位の期間制限違反）の場合と違って、そのような事業者が責任を負うのは、「請負契約に名を借りて雇用主と同等の責任すら免れようとしていた」と判断できる場合に限って、すなわち派遣法の適用を免れる目的がある場合に限定した。そのため派遣先に「法の適用を免れる目的」があるといえるのはどのような場合かが問題になる。

裁判長が法廷でつぶやいたやりとりであるため、裁判所の調書に記録されているわけではないが、審理を担当した大阪高等裁判所の清水裁判長は、派遣法制定過程で「法の適用を免れる目的」の要件が加えられた審議会などの資料を証拠として提出した直後の弁論期日で、「『法の適用を免れる目的』というのは妥協の産物ということなのだろう」という趣旨の発言をした。

この発言から、裁判所が「法の適用を免れる目的」を、請負形式で労働者派遣の役務の提供を受けていた事業者の違法の程度に応じて責任を問える要件としてとらえたように思う。受入先事業者が、責任を負うに足りる違法な客観的事実がある場合に、そのような違法な事実を認識していれば、その責任を問えると考えたのであろう。そのため、客観的な違法事実を認定し、事業者組織がそれを当然に認識していることをもって「法の適用を免れる目的」の要件があると判断しようとした。

この発想は、法の適用を免れる目的の運用にあたって裁判所がどの程度の違法行為があると判断されるときに契約の発注者（違法な派遣受入先事業者）に雇用責任を負わせるべきかということになるから、「法の適用を免れる目的」が基準がないままの裁判所にフリーハンドになってしまう可能性がある。しかし、そのような運用となってはならない。大阪高等裁判所の判決は、偽装請負行為の事実があることを行為者が認識し認容していることも法の適用を免れる目的の有無の判断の上で、重要な客観的事実であることを認めたといえる。

学説では法の適用を免れる目的の判断にあたっては、「客観的な違法派遣行為の事実」に対する認識をしていると客観的に判断できるなら、そこに法の適用を免れる目的を認定できるとする立場（「客観説」と呼ばれている）と、違法行為があっただけではなく、そのことを知った上で、派遣法の適用を免れる目的があったと明確に判断できる事実が必要というべきであり、そこには、当該派遣先事業者の主観的に派遣法上の責任を回避する目的（意図）があったことまで立証する必要があるという立場（「主観説」と呼ばれている）との争いがある。

厚生労働省は、「法の適用を免れる目的」の判断にあたっては、極めて慎重な姿勢を示していた。

そしてまるで「主観説」のような説明も加えている。例えば行政通達等で「労働局から何度も何度も指導されているのに、それを無視していたとか、指導しても改めないというような事実があれば、目的は認定できる」等と一例を示している。

しかし、派遣先の事業者は、指導があればすぐに改めるのが当たり前だろう。そして違法だと指導されたら、すぐに改められるということになれば、それはむしろ分かっていてやっていたという判断になるはずである。厚労省の示す一例は極めて特異な事例を「典型事例」のように述べていると言わざるを得ない。

主観説を徹底すると、主観的な目的があるか否かを確定的に判断するためには、経営者が「法を免れる目的を持っていました」と自白を獲得するしかないということになる。逮捕して徹底的に追及すれば自白を獲得できるかもしれないが、労働者が使用者の自白を獲得する等ということは不可能と言わざるを得ない。経営会議を秘密録音する等労働者が違法すれすれの行為をしなければ証拠が集められない等ということになりかねない。経営者の自白を獲得することを法律が求めているとはとても考えられない。

従って、「法の適用を免れる目的」があるか否かは客観的な事実から、その目的の有無を判断するしかない。弁護団の主張も「客観的に違法な事実を認識していれば、目的があったと判断できるという主張であった。

大阪高等裁判所の判断

大阪高裁判決は、「法の適用を免れる目的」の判断について重要な判断を示した。

判決は、「日常的かつ継続的に偽装請負等の状態を続けていたことが認められる場合は、特段の事情が無い限り、労働者派遣の役務の提供を受けている法人の代表者又は当該労働者派遣の役務に関する契約締結権限を有する者は、偽装請負等の状態にあることを認識しながら、組織的に偽装請負等の目的で当該役務の影響を受けていたものと推認するのが相当である」とした。

高裁判決は、事業者の社長（代表者）や契約締結の責任者が契約締結時に、どう考えていたとかを事実認定することなく、事業者組織が、労働者派遣契約を締結することなく、日常的、継続的に当該労務者から労務の提供を受けていた場合には、組織の代表者もしくは契約締結権限を有する者は、偽装請負等の状態にあることを認識しながら、組織的に「法の適用を免れる目的」をもっていたと判断できるとしたのである。

判決は、法の適用を免れる目的の判断にあたっては、過去の経緯も無視しなかった。これも弁護団が強調してきた点である。長年にわたって偽装請負をしていれば、これをごまかす動きもあるのだが、それを適法化したとは言わず、偽装を強めたという判断をしたのである。

東リでは、少なくとも、派遣業務が拡大した１９９９年以降、東リ社員と混在で仕事をさせながら、労働者派遣契約ではなく、請負契約で労務提供を受けてきたのであり、それが混在労働を少しずつ解消していき、巾木工程と化成品工程というラインだけは、L社の従業員だけで担えるようにして、偽装請負を続けてきた。

高裁判決は、「法の適用を免れる目的」の判断にあたって、こうした過去の経緯についても触れて次のような判断をした。

「**平成11（1999）**年のL社の東リに対する役務の提供が偽装請負であったことは明らかであり、そのことを**東リも認識していたことは優に認められる。**

平成16（2004）年派遣法改正により、**製造業が労働者派遣の対象業務として認められた後も、伊丹工場の巾木工程における労務提供のあり方が直ちに変更されることはなく、平成22年まで、東リ従業員がL社従業員と共に稼働していた**ことが認められ、途中でプリント巾木工程から指示をしていた従業員を異動させるなど偽装請負であることを意識した行為などをしながら、L社従業員に対する業務遂行上の具体的な指示を続けるなど、**偽装請負等の状態を解消することなく、日常的かつ継続的に偽装請負等の状態を続けていた**のであるから、本件業務請負契約が解消されるまでの間、東リには偽装請負等の目的があったものと推認することができる。」

東リは、（1）他の工程では派遣を入れている、（2）巾木と化成品は請負に適している、（3）巾木と化成品を2017年に派遣契約に切り替えたのは派遣会社からの申し出によるものである、として、東リ自身は巾木と化成品が「違法派遣」だと認識していなかったかのような反論をしたが、高裁は、他の工程で派遣にしていたことや、巾木と化成品が請負に適しているということは、違法派遣であると認識していたことを否定する「理由にならない」と一蹴した上で、巾木と化成品工程が労働者派遣に切り替えられた後も、切り替え前と全く同じ態様で製造を継続することができたということは、切り替え前から偽装請負等の状態を認識しながら、改善することなく組織的に偽装請負等の状態を継続していたことを推認させる事実だとして東リの反論を退けた。1審段階でも主張していたが、請負から派遣に代わっても変化がないということも「法の適用を免れる目的」を認定の根拠となることを認めたのである。

4 まとめ――大阪高裁判決の意義

大阪高裁判決は、労働者の選択した意思に基づいて、派遣先企業との間で雇用契約の確立を実現した初めての判決だ。違法派遣では、直接雇用を勝ちとる理論である「黙示の労働契約」ではほとんどの事件が涙をのんできたことに照らせば大きな一歩を刻んだ判決だ。

その判決が示したとおり、客観的事実から、実態として仕事の完成を目的とする契約なのか労働者派遣を目的とする契約なのかを認定し、さらにそうした事実が継続されてきたという点を踏まえて「特段の事情」がない限り、労務提供を受けてきた事業者は雇用責任を負うべきなのだとの判断を示したことは極めて重要だ。

違法な派遣とは、指揮命令の根拠をもたず、労働者の労務を利用することであり、労働契約申込みみなし制度は本来は雇用主以外にできない行為をしていた者に雇用主と同等の責任を負わす制度に過ぎない。労務提供を受けていたという客観的事実を認定してその責任根拠を示した大阪高裁判決は、今後の偽装請負事件の裁判の先例としてその判断内容を労働者側が理解し、活用していく必要がある。また今後厚労省の行政解釈にも反映させていく必要がある。判決を生かすのはこれからだ。

大阪高裁判決は、最高裁判所ウェブサイトに掲載されている。事件番号 令和2年（ネ）973で検索できる。
https://www.courts.go.jp/app/files/hanrei_jp/032/091032_hanrei.pdf
下記、主文のみ掲載する。

主　文

1　原判決を取り消す。
2　控訴人らが、被控訴人に対し、当判決別紙1「労働契約一覧」記載の各労働契約上の権利を有する地位にあることを確認する。
3　被控訴人は、控訴人A、控訴人B、控訴人C及び控訴人Dに対し、平成29年4月1日から本判決確定の日まで、毎月末日限り、当判決別紙2「賃金一覧」記載の各金員をそれぞれ支払え。
4　被控訴人は、控訴人Eに対し、平成29年8月25日から本判決確定の日まで、毎月末日限り、当判決別紙2「賃金一覧」記載の金員を支払え。
5　控訴人Eのその余の請求を棄却する。
6　訴訟費用は、第1、2審とも被控訴人の負担とする。
7　この判決は、第3項及び第4項に限り、仮に執行することができる。

あとがき

東リ偽装請負事件に対する紹介記事や判例評釈等を読むと「長期にわたる偽装請負であり、派遣元の悪質性が高い事案である」として、みなし規定による地位確認が認められたのは、悪質性が高いゆえの特別な事例であるかのような評価をしているものが少なくない。とりわけ経営側は、この事例を悪質性が高いために経営側が負けてしまった特殊な事例ということにしておきたいという意識が働くのかもしれない。

しかし、東リ伊丹工場で長年継続されてきた「請負」会社が雇用する労働者の働き方は、明らかに典型的な偽装請負の事例である。悪質性が低いわけではないが、とりわけ悪質性が高い事案というものではない。

そもそも「偽装請負」がなぜ悪質なのかと問えば、雇用主以外の者が本来雇用主が負うべき責任を負わないで、人格を持った労働者の労働力を利用して利益をあげている点にある。就労期間が短いからとか、偽装が巧妙で形式的な責任者らしき人物がいるからといったことで、その悪質性が薄まるわけではない。労働者派遣法40条の6に定める「労働契約申込みみなし制度」は雇用主の責任を負わないで労務を利用する事業者に原則に立ち戻って、雇用責任を負わせる制度にすぎない。だから、雇用関係がないのを知りながら、労働者の労務を利用していると認識していれば適用して労働者を保護すべき規定なのだ。

本書を読み終えた方は理解していただけたと思うが、東リ事件は「典型的な偽装請負事件」である。同時に原告らも、労働法の知識もそれほどあるわけでもなく、偽装請負という話は聞いたことはあっても、自分たちが行使できる権利や法律を知らない「典型的な労働者」たちである。偽装請負は、善良に働いている人たちが声をあげられないまま、中間搾取と差別雇用が放置されている状態なのである。

派遣法の規制（期間制限や均等待遇、みなし雇用制度）が強まっている中で、偽装請負状態が解消されていく様子は一向にない。その上、偽装は巧妙になっている。雇用責任を負わないで、「同じようなことは他でもやっている」と居直る経営者が出てきてもおかしくない状況だ。だから経営者団体からの申込みみなし規定どころか「派遣法による規制をなくせ」という議論が続いている。だから、働く人たちが、なにが悪いのか理解しアンテナをはって、「差別雇用」や「無責任な経営者」の実態を告発、改善する行動が、ますます必要となっている。

本文に書けなかったので、ここで書いておきたいが、大阪高裁判決が確定し職場復帰の団体交渉の席上、原告らが工場から追い出された後、東リに残った元L社社員たちは全員が、訴訟が続いている最中に、東リの正社員として採用されていることが分かった。東リの行為は組合員差別であるし、裁判を経ずして正社員となった人たちを「ただ乗り」と非難すべきかもしれない。しかし、原告らの権利闘争の結果、偽装請負で働いていた人たち全員が正社員化を実現した闘いであったということは述べておきたい。

この本を作るために、改めて当事者の話を聞き、裁判中には気づけなかったことが沢山あった。とりわけ当事者の苦労を聞くと、「権利闘争が大事だから裁判をしましょう」と安易に言うべきではないという気持ちにもなる。だからこの本を参考にして裁判をしましょうと言っても簡単ではないと感じている。

ただ普通の人々でもこれだけのことがやれるということ、ちょっとでも知識があれば、職場の労働条件や理不尽な状況を改善できることはたくさんあるのだということを知ってほしい。

座談会に出てくるが、請負会社の交渉が手詰まりとなっている中で、偽装請負問題を追及してはどうかと思い立ち、かつての偽装請負の闘い（キヤノンやＮＥＣの事件）が記録された書籍を読んだことが、弁護士への相談のきっかけとなった。

日本で初めて派遣法による地位確認の判決となったこの事件も過去の沢山の権利闘争とつながっている。この本も働く者の権利のための闘いに役立つ記録となると確信している。多くのみなさんに読んでいただき、周囲の方にも勧めていただければ幸いである。

２０２３年９月18日

弁護士　村田浩治

■執筆者（50音順）

有田昌弘（ありた・まさひろ）

全東リなかまユニオン（なかまユニオン東リ支部）

なかまユニオン
〒534-0024 大阪市都島区東野田町4-7-26　和光京橋ビル304号
電話 06-6242-8130

大西克彦（おおにし・かつひこ）

弁護士（2001年大阪弁護士会登録）

谷町中央法律事務所
〒540-0026 大阪市中央区内本町１丁目２番６号　パナシアビル2B
電話 06-6949-1547

大橋直人（おおはし・なおと）

コミュニティユニオン関西ネットワーク共同代表

田中充郎（たなか・あつお）

なかまユニオン執行委員

村田浩治（むらた・こうじ）

弁護士（1990年大阪弁護士会登録）、日本労働弁護団常任幹事

堺総合法律事務所
〒590-0048 大阪府堺市堺区一条通20番５号　銀泉堺東ビル６階
電話 072-221-0016

闘って正社員になった
――東リ偽装請負争議6年の軌跡

発行日　2023年11月１日　第１刷発行

編　者　東リ偽装請負争議原告・弁護団

発行者　兵頭圭児

発行所　株式会社 耕文社
〒536-0016
大阪府大阪市城東区蒲生１丁目３－24
TEL.06-6933-5001　FAX.06-6933-5002
http://www.kobunsha.co.jp/

ISBN978-4-86377-082-9　C0036

耕文社の本

キヤノンに勝つ
——偽装請負を告発した非正規労働者たち

キヤノン非正規労働者組合 編

A5判　192頁　本体価格1,100円　ISBN978-486377-033-1

塩花の木

金鎮淑 著　裵鈴美・野木香里・友岡有希 訳

四六判　342頁　本体価格1,900円　ISBN978-4-86377-030-0

労働を弁護する——弁護士 金善洙の労働弁論記

金善洙 著

山口恵美子・金玉染 訳　在間秀和・金容洙 解説

A5判　260頁　本体価格2,500円　ISBN978-4-86377-046-1

スクリーンに息づく愛しき人びと
——社会のみかたを映画に教えられて

熊沢誠 著

四六判　220頁　本体価格1,800円　ISBN978-4-86377-071-3

京大よ、還せ——琉球人遺骨は訴える

松島泰勝・山内小夜子 編著

四六判　256頁　本体価格1,700円　ISBN978-4-86377-060-7

税別価格。

全国の書店、小社ウェブサイト（www.kobunsha.co.jp）でご注文できます。